香奈儿的态度

香奈儿的态度
L'ALLURE DE CHANEL

[法]保罗·莫朗 著　　卡尔·拉格斐 插图
Paul Morand　　　　Karl Lagerfeld

段慧敏 译

南京大学出版社

目　录

前言 1

孤独 1

少女可可 5

从贡比涅到波城 23

抵达巴黎 29

康朋街 41

意大利之旅 69

米西亚 79

重返巴黎 87

迪亚吉列夫 103

舍维涅夫人 111

毕加索 119

福兰 125

圣·奥诺雷街 129

1922年 135

简朴生活 139

关于时装的诗意 145

有关财富 157

社会福利 165

斯特拉文斯基 167

上流人士 173

可怜的女人们 179

时尚或注定消亡的创作 191

最后的国王 207

永别,不再见 223

至魅香奈儿(译后记) 233

前 言

（1920年代的保罗·莫朗）

我第一次走进康朋街。那是1921年的圣诞聚餐。"你们全部都是可可的客人，"米西亚曾对我们说。"全部"，包括了六人组[1]，我们这群"屋顶公牛"[2]帮，还有阿尔封斯·都德夫人沙龙里的年轻人，尚·雨果在皇宫附近的工作室里的常客，以及达律斯·米尧家周六晚宴的座上宾。当时香奈儿还没有征服巴黎，摆设在试衣沙龙内的自助餐台还保持着1914年的样子，使得整个房间看上

---

1 六人组，指二十世纪前期法国六位作曲家，即奥里克、迪雷、奥涅格、米尧、普朗克、塔耶费尔。六人共奉萨蒂为宗师，在创作上反对印象派捉摸不定的笔触，提倡简洁、鲜明的风格，并间有复古倾向。
2 巴黎当时著名的屋顶公牛餐厅，艺术界人士常在此聚会。

皮埃尔·勒韦迪

去酷似一家诊所,房间内陈设着朗维尔夫人[1]钟爱的乌木漆面屏风,屏风上的秋叶依然明晰。除了她那些杜维埃的常客、那些马球爱好者们和她刚刚失去的卡柏的朋友们之外,香奈儿非常的孤单,非常的羞怯,非常的警觉。当天晚上,米西亚为她带来了她未来生活中的伙伴们:菲利普·贝特洛一家、萨蒂、里法、奥里克、塞贡扎克、里普希茨、布拉克、吕克-阿尔贝·莫尔索、拉迪格、塞特、埃莉兹·茹昂多、毕加索、科克多、桑德拉(此时还没有勒韦迪)。他们的出现标志着与1914年的决裂。过去已经湮灭,一条康庄大道通往明天。在这个明天里,提起银行家,人们不会再想到索罗门,

---

[1] 巴黎古董商,将乌木漆面屏风等中国古董介绍给巴黎收藏界。

而是想到卡柏、路易斯；萨蒂也不再将西班牙写为Espana，而是按照法语的方式写为Espagna；香水则不再被称为"绛草"或"秋梦"，而是像苦役犯一样加上了编号。这时你还看不出香奈儿的天分，没有任何迹象能够表明她的权威、她的强硬、她挑衅性的专制，也没有任何迹象显示出她有着那种注定能够赢得盛名的性格。只有米西亚带着她那种旧货商的嗅觉预感到了香奈儿必将发迹，也只有米西亚在香奈儿的轻浮之中发现了她的严肃，发现了她思想的细腻、手指的灵动以及她性格的绝对。在众多宾客的喧嚷背后，香奈儿的脸上谨慎之中透着无限的魅力，而她的羞怯却让人没缘由地感动——或许是因为她新近服丧。看起来似乎有些飘忽不定的香奈儿仿佛怀疑起自己的生命，再也不肯相信幸福：我们对她迷恋不已。谁能想到当晚我们是在这样一个十九世纪风格的终结天使家里吃夜宵呢？

　　塞维涅夫人写道："您知道什么叫做'凋'吗？""凋"在法语里可以指把牧草摊开来晾干，但也可以表示使事物不再新鲜。毫无疑问，香奈儿使战前的时光"凋谢"，使沃斯和帕坎的时装设计变得了无生趣。香奈儿是一个牧羊女，她很清楚羊群的踪迹，她熟悉草料、牛羊的粪便，熟悉用来制靴的皮革、清洗马鞍的肥皂和林下的灌木丛。"我们的世纪将是牧羊人进行报复的时代。"《农民新贵》中如是写道。谈到香奈儿，也就是如马里弗所说的"穿着衬裙与平底鞋的女孩儿"将要面对"城市的危险"，而她们最终会带着固执的复仇欲望诱发革命，战胜危险。圣女贞德，同样也是牧羊人

（1923年的雷蒙·拉迪格）

的革命。马里弗还曾说过，"我们的世纪预示了牧羊人的反抗，我警告你们，农民是危险的。"香奈儿便属于这一危险群体。她曾说过："女性的身体在礼服、花边、胸衣、内衣和垫料下面汗流不已，是我解放了她们的身体。"乡间的绿色随着香奈儿的到来而展现在人们的面前；正如二十年前，柯蕾套着同样"小学生"式的罩衫，系着同样的大蝴蝶结领巾，穿着同样的孤儿院的鞋子来到巴黎，也同样给文学界带来了一股乡间的清新。香奈儿从未放弃过复仇的思想。这种思想使她剪短了一头秀发，只因它常常会勾住胸衣的束带；也是这种思想毁灭了一个有关失去的乐园的梦想，而这个乐园也只是在想象之中，因为给她留下深深印记的童年让她厌恶不已、不断逃避。

多么神秘又多么复杂！香奈儿的阴暗面正在于此：她的痛苦、她对破坏的偏爱、她对责罚的喜好、她的骄傲、她的严厉、她的讽刺、她毁灭性的狂热、她时冷时热的绝对性格、她极富创造性又仿如劫掠者的天分。这位"冷艳女士"为那些用金质餐具吃饭的亿万富翁们发明了一种另类的贫乏，一种极其昂贵的简朴，让他们去追寻那些不入眼的东西：游艇的铜色、海军的蓝白色、纳尔逊水兵的油布帽子、柴郡老别墅里墙筋柱的黑与白、洛克布鲁薰衣草花田里的深灰色、布伦塔河上的野餐、La Pausa 别墅里没有仆人的夜宵——人们在野味桌旁，分享排成行的炉子里的野味。从来没有人能够把附庸风雅引向这种程度。

香奈儿性格生硬、手指灵活、措辞巧妙、言语简洁，那些有力的格言警句仿佛从一颗燧石般的心中落下，又滔滔不绝地自复仇女神的口中倾泻出来。她赠与和收回的方式更让人称奇——她赠人礼物，就像是在赠人耻辱一样。（她在电话中说，"我给您送去了六尊威尼斯黑人雕塑，我实在受不了这些了。"）她身上的这一切特点都源于她那不甚愉快的童年，那段生活在农民中间的童年，而那些农民们只是"希望自己的孩子能比自己更加高大"（贝尔纳·帕利西)。

　　1900年时,裁缝在上流社会是不受待见的,即使赫赫有名如杜塞先生或浪凡夫人这样的设计师也不例外。而从1925年开始,香奈儿不但被奉为上宾,还让她的东道主自觉矮了一级。她为伯爵大公们支付酒店账单,把王亲贵族变成自己的女仆。这种报复延伸到对待物品的态度上:她剪短了秀发,同时贬抑貂皮,将其作为风衣的衬里,又用平淡的jersey针织面料令丝绸也相形失色,用伞兵制服的深色取代了各种鲜艳色彩。她拒绝嫁给西敏公爵,或许也是一种出人意料的抹煞特拉法加海战和滑铁卢战役的方式?因为曾经的贫困,她将宝石看做普通的石头,并以此为乐,在某次舞会上她曾将自己的蓝宝石项链借给贫穷的女孩们(后来她指控她们偷走了她的宝石)。

　　有时,她那因持续的愤怒而鼓起的鼻翼也会停止颤动,那时的她便会呈现出一种疲倦。她的内心会呈现出一种贫乏的状态,然而这仅能持续片刻,虽然此时她离不开您,但明天她就会对您难以忍受。香奈儿是一位复仇女神。

　　她那激流般的声音里仿佛卷绕着无数的火山熔岩,她说出的字句仿佛是干枯的枝蔓不断地爆裂,她辩驳的话语也仿佛是长喙不停地啄咬。随着年龄的增长,她的语气日益专断,然而也更加衰弱和无力。1946年的冬天,我在圣莫里茨和她重逢,一连几个晚上听她的这种语调。彼时她第一次失业,无所事事,自然难以自抑。她自我放逐到了瑞士的恩加丁,犹豫着是否重返康朋街,等待转运的时机。她那时感到自己被过去所困扰,被重现的时光所侵袭。此刻的她仿佛是时装界的盖尔芒特,仿佛是忽然来到了戴高乐时代的维尔迪兰夫人。苦涩的忧郁从她依然炯炯有神的双眼流出,她那用软黑眉笔勾勒出的眉峰愈加鲜明突出,仿佛是玄武岩的拱门。香奈儿依然是奥弗涅的一座火山,而整个巴黎却错以为它已经熄灭。

(塞维涅夫人)

这段单独的谈话已经过去了三十年。我回到房中只是草草写下了几行注释,而后便再也没有想到过它——除了令人难忘的米西亚的形象之外,我几乎已经不再记得这份手稿。去年八月搬家到瑞士时,一些偶然的机会让我重拾这些已经泛黄的纸页。香奈儿逝世后的今天,有关她的众多详尽著作都已出版。一部精彩的小说,或是一些精美的回忆录都代表了一种迟来的友谊。

我很高兴地重读自己那些印有巴德鲁特宫酒店笺头的手稿,而后我又与皮埃尔·伯莱一起分享这份怀念。他请我将手稿用打字机打出——这是一条危险之路……其中没有任何我的思想,它属于一个故人的亡魂。但是在九泉之下,她依然保持着一种急进的步伐,那是她唯一的正常步调。从各种意义上来说的"步调":生理的步调与心理的步调。正如马术中所指的马的三种步态;也如狩猎中所指的鹿的行踪,即鹿的"折枝踪迹",也就是鹿经过树丛时的痕迹及其弄断的树枝。香奈儿曾经经过了这里,香奈儿曾经经过了那里。三十年间,已经是一片广阔的森林……

P.M.

(莫朗与中式扶手椅)

孤 独

我不是在我的出生地多姆山省跟您谈起这些。今晚,我在圣莫里茨,对面便是贝尔尼纳山脉。多年前的某一天,在一座黑色的房子里,人们冷漠而无动于衷地接待了一个傲慢内向的小女孩。而我却不是从这座黑房子开始向您讲起我过去的生活,现在的我置身于灯火通明的酒店,富人们在这里享受着令他们费心劳神的消遣娱乐。但是对于我来说,在今天的瑞士和在昔日的奥弗涅,我所能感受到的,唯有孤独。

六岁时,我便已经孤身一人。我的母亲刚刚去世,父亲像卸下重担一样把我寄养在姨妈们那里,而后去了美国,从未回来过。

孤儿……从那时起,这个词便会使我怕得浑身冰冷。现在依然如此,看到寄宿学校的小女孩们经过,听到有人说"她们是孤儿"时,我的眼睛总是会忍不住湿润起来。半个世纪过去,然而在一个悲惨世界最后的幸福、奢华与欢乐之中,我很孤独,依然孤独

coco orpheline

(孤儿可可)

着。

比任何时候都更加孤独。

最开始的这些谈话里,我先提到了孤独。我不会将其写做"孤独……",我不会在这个词的后面加上一串省略号,这会在我的孤独之中渲染出一层与我本性无关的忧郁色调;我也不会在后面加上一个感叹号:孤独!这种感叹只会徒然带有一种挑战世界的意味。我只是想表明我成长和生活在孤独之中,而后又孤独地老去。

孤独锤炼了我的性格,使我拥有了暴躁、冷酷而傲慢的灵魂和强健的身体。我的一生,是一个孤独女人的故事——通常是一场悲剧:有关她的不幸与伟大;有关她所坚持的斗争——与自己、与男人们的斗争,与随时随地可能产生的诱惑、危险和脆弱的斗争。

孤独,在今天的雪域阳光中……我依然没有丈夫、没有子孙、没有任何迷人的幻觉——那些幻影可以使我们相信这世界上居住着与我们同样的人们,他们同样孤独地劳作和生活着。

少女可可

每一个孩子都有一个隐秘的空间,他可以躲在那里玩耍和梦想。我的隐秘空间是奥弗涅的一座公墓。在那里,我不认识任何人,也不认识那些已经死去的人们。我不为任何人哭泣,也没有任何人来过这里。那是一座古老的乡间小公墓,有几处荒冢掩映在杂草间。我是这个秘密花园的女王。我喜欢那些地下的居住者们。"只要有人想念他,那么死者就没有死去,"我自言自语道。我喜欢上了两处无名墓地,墓地上花岗岩和玄武岩的石板成了我的休息室、我的小客厅、我的秘密居所。我带着鲜花到那里,在那些凹凸不平的小土丘上,我用矢车菊画出心形图案,用虞美人画出窗子,用雏菊勾勒纹章。有两次采蘑菇的时候,我带着我的碎布娃娃来这里做客,那是我最喜欢的玩具,因为它们是我亲手制作的。我向我沉默的伙伴们诉说着我的欢乐与哀愁,我想我并没有打扰他们最后的长眠。

我想确定有人会喜欢我。然而与我生活在一起的,却是一些冷酷无情的人们。我喜欢独自讲话,不去听别人对我说着什么:这或许是因为最初令我敞开心扉的人们都是已经死去的人。

夜幕降临的时候,我和我的父亲来到了姨妈们的家。我们服着重孝。我的母亲刚刚过世。我的两个姐姐被送进了修道院女校;而最为理智的我,被托付给了姨妈们,她们是我母亲的表姐妹。我们进门的时候,她们毫无热情地接待了我们。她们挑亮灯芯,想看清楚我的脸。姨妈们已经吃过了晚饭,而我们还没有。她们非常吃惊,居然有人奔波了一整天却什么也没有吃。我们的到来打乱了她们的作息时间和她们节俭的生活,但是她们身上那种外省人的吝啬与粗鲁没能占得上风,最终她们极不情愿地说:"我们去做两个溏心蛋。"小可可听出了她们语气中的勉强,这种勉强深深地伤害了她。她当时已经饥肠辘辘,但是看到鸡蛋的时候,她摇头说不。她拒绝了,她放弃了,她大声地说她不喜欢鸡蛋,她讨厌鸡蛋。实际上她非常喜欢吃鸡蛋,但是在这个阴沉的夜晚,与姨妈们初次接触之后,她知道必须对一些事情说不,必须对呈现在眼前的一切说不,必须对姨妈们、对身边所有的人、对新生活说"不"。此后在蒙多尔生活的十年,小可可深陷于她最初的谎言之中,深陷于她固执的拒绝中,以至于谎言最终变成了一个不可争辩的传言:"小可可不喜欢鸡蛋!"——在这最初的传言之后,更多的传言接踵而来。从那以后,当我把一大块煎蛋送到嘴边,希望人们忘记我的传言的时候,我便会听到姨妈们尖酸刻薄的话语:"你很清楚那是鸡蛋。"神话就是这样扼杀了其主人公。

  出于一种强烈的渴望、一种极端强烈的对生活的渴望,出于一种被爱的需要,我对一切说不,因为姨妈们的家里,一切都会刺激和伤害到我。可恶的姨妈们!可爱的姨妈们!她们是农村的有产阶级,她们只有在冬天或恶劣的天气里才肯到市镇里去,然而她们从未与哺育她们的土地失去过联系。对于这些可恶的姨妈们来说,爱情是一种奢侈而童年是一种罪孽。这些姨妈们又是可爱的,她们的壁炉的通风橱里总是塞满了腌肉和熏肉,她们的餐柜里也总是装满咸黄油和果酱,而衣橱里则堆满了漂亮的伊索尔布料做的床单,这一切都将由我们奥弗涅的流动商贩们销往世界各地。她们家里的衣服非常多,以至于一年只需进行两次洗涤。我很清楚奥弗涅人生活中并不是十分干净整洁,但是相对于我们今天的衣服行装来说,她们也确实拥有太多的衣物了。我们的仆人们戴着管状的头饰,因为自十五岁起,她们便开始剪下头发卖掉,这是高卢时代便有的习俗,当时罗马的贵妇就用我们进献的头发做成假发。姨妈们把我送到学校去上教理课。我在学校里什么也没有学到。我所掌握的知识与教师们所教授的一切毫不相关;我所相信的上帝也并不是神甫们所相信的"仁慈的上帝"。我的姨妈们让我复述功课,因为她们自己已经忘记了教理课的内容,所以她们便从我的课本里找出问题问我,我的回答总是非常出色。更妙的是,我在阁楼里找到了另一本教理课本,把它一页一页撕下来,这样我便可以把姨妈们问我的内容藏在手心里。

阁楼……阁楼里埋藏着多少宝藏啊！阁楼是我的图书馆，我什么都读。我在阁楼里找到了浪漫的资源，这种资源滋养着我此后的一生。姨妈家里从来没有人买书，她们从报纸上剪下连载小说，然后一起讨论发黄的报纸上的这些"底层建筑"。小可可就在那间阁楼里贪婪地阅读着。我把读过的小说整段整段地抄进我的作业里，老师吃惊地问我："你究竟是在哪儿找到这些的？"那些小说教会了我如何生活，造就了我的敏感与骄傲。我曾经一直非常骄傲。

我讨厌卑躬屈膝、低声下气、毕恭毕敬。我讨厌掩饰思想、屈从顺服或不按自己的意愿行事。无论从前还是现在，我的行为举止中、我生硬的语气中、我目光的犀利中、我严肃的脸色中和我绝对的性格中都无时无刻不闪现着一种骄傲。我是奥弗涅唯一尚未熄灭的火山。

我曾经有着像马鬃一样的黑头发，像扫烟囱工人一样的黑眉毛，像火山熔岩一样的黑皮肤，我黑色的性格像是人们永不屈服的心灵。我曾经是一个叛逆的孩子、一个叛逆的情人、一个叛逆的裁缝、一个真正的堕落天使路西法。我的姨妈们并不是坏人，但是我相信无论她们是好是坏，结果都会一样。实际上，蒙多尔并不是一个非常恐怖的地方,但是对于我来说它的确让我厌恶。正是那时候的经验使我变得坚强起来,我今天的样子都应归因于当时严厉的教育。是的,骄傲是我坏脾气的关键所在,是我的孤僻与茨冈人式的独立的原因,同时也是我成功力量的秘诀。骄傲有如一条阿里阿德涅之线,能时时引我找回自己。

因为有时我会迷失了自己,例如在我的传奇所形成的迷宫中。我们每个人都有自己或愚蠢或美妙的传奇。我的传奇是由巴黎与外省、白痴与艺术家、诗人与上流人士们一起缔造出来的,它千变万化,复杂而又粗浅得让人难以理解,因此我迷失其中。我的传奇不仅歪曲了我的形象,还给我换上了另一副面孔。当我想从中辨认出自己的时候,我只能够想到那种骄傲,对我来说,它既是邪恶又是美德。

我的传奇基于两个坚不可摧的支柱而建立起来。首先,我的来历不明:是音乐厅、歌舞剧场还是妓院?对此我感到遗憾。还有更有趣的第二点,有人说我是能够点石成金的"迈达斯女王"。

有人说我有聪明的商业头脑,而实际上我丝毫没有。我不是居里夫人,但我也不是哈瑙[1]夫人。我对做生意和资产负债表深恶痛绝。我做算术的时候,总是要掰开手指。

当有人说我运气好的时候,我更是恼怒万分。没有人比我更

---

[1] 玛尔特·哈瑙,法国女银行家,1920年卷入金融诈骗案。

(可可在自学)

努力工作。杜撰我传奇的那些人一定很懒,若非如此,他们一定会去看清事物的本质,而不是随意捏造。有人以为不去工作,只需挥一下魔术棒或是擦一下阿拉丁的神灯许个愿便可以创造出我所创造的一切,这种想法简直是天真的想象。(或许……根本就不天真。)然而我在此所说的一切,都无法改变任何事情。什么都不能改变。

传奇的生命比其主人公的生命更为长久。现实是残酷的,因此人们更喜欢给它披上想象这层美丽的外衣。既然我的传奇已经不胫而走,那么我也希望它能够幸福且长久。很多次我遇到有人跟我谈起他们熟知的某位"香小姐",而他们却并不知道此刻在他们面前的便是香小姐本人。

"我最温柔的童年"。人们经常搭配在一起使用的这几个词语常让我惊颤不已。没有谁的童年比我的童年更不温柔。很小的时候,我便知道生活是沉重的事情。我重病的母亲带着我们姐妹三人来到了一位老伯父家(那时我五岁),我们称这位老伯父为"伊索尔的伯父"。我们被关进一间贴满红色壁纸的房间。开始的时候我们非常听话,而后我们发现红色的壁纸浸湿了之后便会从墙上脱落下来。我们撕下了一小块,这让我们非常开心。再用力一些,一大条壁纸便脱落下来,这真是极其有趣。我们爬到椅子上,整张壁纸就毫不费力地被拉了下来……我们把椅子堆起来:墙壁露出

Tailleur de promenade

了玫瑰色的石膏涂层,多么神奇!我们又把椅子堆在桌子上面,这样可以一直撕下天花板上的壁纸,简直快乐至极!最后母亲走了进来,她停下脚步看着面前的这场灾难。她什么也没有对我们说,极度失望之中,她的眼泪大滴大滴地滚落下来,任何指责都未曾让我这样难受,我痛苦地嚎叫着逃出房间,此后再也没有见过伊索尔的伯父。

是的,生活是一件沉重的事情,因为它会使母亲们哭泣。还有一次,我们姐妹被安排在一间通常无人居住的房间里。人们在房间的天花板上拉起细绳,挂满了葡萄。整个冬天,葡萄就这样被保存在悬挂的纸袋里。我扔起一个枕头,打下一串葡萄,另一串跟了下来,然后又是一串;葡萄粒铺满了地板。我又换了一个长枕头乱打一气,很快,所有的收成便都落在了地板上。我第一次挨了鞭子。那种耻辱我永远都不会忘记。

——"这些人活得就像街头卖艺的。"

我的一个姨妈如是说。

——"可可越来越不听话了,"另一个回答道。

——"应该把她卖给吉普赛人……"

——"荨麻鞭子……"(家庭的体罚只让我更倔强、更难驯服。)

当我看到童年的幸福给人们带来了多少羁绊时,我便不再为经历过的不幸感到痛苦。为了抵抗正统的教育,就必须成为一个真正出色的人。我无论如何都不想拥有另外一种命运。

我那时很凶，性格暴躁易怒、爱偷东西、虚伪、喜欢在门后偷听人们的谈话。我只喜欢吃偷来的东西。在姨妈们不注意的时候，我悄悄地切下一大片面包，厨娘对我说，"你会把自己切成两半的"；我把面包带到厕所里去，在那里我可以更自由。骄傲的人只知道一种至高的利益，那就是自由！

但是想要自由，就必须很富有。我开始只去幻想能够打开监狱大门的金钱。我所读过的那些小说使我产生了疯狂的挥霍之梦。我想象着自己穿上一件白色的长裙，我渴望拥有一间白色的房间，配上白色的窗帘。姨妈们把我关在黑色的房子里，而这种白色与她们的房子是多么强烈的对比！我父亲去美国之前给我带来了一件初领圣体时穿的裙子，白色的平纹细布裙子配上一个玫瑰花冠。为了惩罚我的骄傲，姨妈们对我说："你不能戴你的玫瑰花冠，你只能戴一顶软帽。"这是怎样的一种折磨！与此类似的还有很多，我必须向神甫承认曾偷吃过两个樱桃！不许戴花冠！我，初次领圣体里面最大的孩子，居然不能戴花冠！

我扑过去搂住父亲的脖子说，"带我离开这儿！""去吧，我可怜的小可可，一切都会好起来的，我会回来接你，我们还会有一栋新房子……"这是他最后留下的话。他没有再回来过。此后我再也没有得到过父亲的呵护。他曾给我写信，让我相信他，他的生意进展不错。而后音讯全无：我再也没听人提起过他。

(修道院寄宿学校的可可)
Coco en communiante

那时候我经常想到去死。我想制造一个重大丑闻，让我的姨妈们暴跳如雷，让她们眼中的恶意一览无余。这种想法总让我着迷。我曾经想过烧毁谷仓。姨妈们不断跟我重复，她们说从我父亲那方面来说，我生自一个下等人家。"如果你知道你的祖母是一个牧羊女，你的头就不会抬得那么高，"她们这样说。有一点她们弄错了，因为想到有一个拿着牧棒放牧牛羊的祖母，我就会感到很陶醉。（直到最近一些日子，即占领期间，我的姑姑、我祖父母的女儿阿德里安娜·德·内克松，证明了自己直系尊亲属的身份。我们同时发现我家庭中这个不体面的一面却成了一个有利因素——虽然我的祖母曾是牧羊女。）

在陌生人面前，我总是很有礼貌。当地人说："小可可很有教养。"我很有教养，就像一只训练有素的小狗。我的疯狂总是被隐藏在内心深处，除了有一次我从楼梯扶手上滑下，落在大厅里客人们的中间。我得到了一个五法郎的银币，马上拿它给自己买了礼物。"你死时肯定只得草垫栖身，"姨妈们又一次说道。

我的姑姑偶尔会来看我。她是我爸爸的姐妹，比我的姨妈们年轻很多。她总是一头长发，美得让人陶醉。
"我们要喝茶，"我说。
"喝茶？你在哪里看见有人喝茶？"姨妈们问我。
"在时尚报纸上。在巴黎，人们都喝茶。不管您愿不愿意相信，事实就是这样。人们把茶壶放到'保暖罩'里——就是这个名字。人们邀请朋友们,然后在一张铺着英式刺绣桌布的小桌子旁等着朋友们的到来。"

"可可,你疯了!"

"我要喝茶。"

"没有。"

"药店里有卖。"

我喝到茶的时候,阿德里安娜姑姑问我:

"模仿贵妇人,是坚强还是懦弱?"

"我不喜欢你这样问。"

"贵妇人不会说'我不喜欢'。"

"你说贵妇人是些什么人?"

"她们是'贵族阶级'。"

"谁能把我们带到她们中去呢?"

我们喝完了茶,我大着胆子问阿德里安娜姑姑:

"除了贵妇人,还有谁会去喝茶呢?"

"还有优雅的男人们。他们不必做任何事情,他们比整日劳作的人们更为英俊。"

"他们真的什么也不做吗?"

"这也未必……他们做很多事情。"

"阿德里安娜,别管那孩子,你会把她弄得头脑不清的。"

（维希的阿德里安娜姑姑）

我的姨妈们拥有几个牧场，因为她们小有积蓄。浅草牧场对于奶牛饲养来说是非常低效的，但是马却非常喜欢这样的草地。姨妈们从事养殖业——最原始的养殖业，即让动物们在牧场上自由生长。她们把最好的产品卖给军队（当时的军队都是步兵！）。当时的我像小马一样难以驯服，我和农民的小孩儿们一起在农场里赛跑。我跨坐在某匹马的身上（十六岁的时候，我还不知道什么是马鞍），骑着它追上我们最好的马（有时候也是别人的马），抓住它的马鬃或尾巴。我想把家里所有的胡萝卜都拿来喂马。英武的军人们到这里巡访的时候，军马供给机构的军官先生们来参观我们的牧场的时候，我总会特别开心。他们是俊朗的轻骑兵，或者是穿着天蓝色短上衣、戴着黑色肋形胸饰、肩上披着毛皮大衣的猎人。他们每年都架着四轮马车驰骋而来。他们掰开马嘴来看马的年龄，抚摸马的球节看它是否有炎症，然后又拍它们的肋部。那是一个盛大的节日，而对我来说，这个节日中又夹杂着众多的忧虑：他们是否会把我最喜欢的马带走？但是他们没有。那些马一匹不少地留在了那里。因为那些马在牧场上被取下蹄铁的时候，我悄悄地骑着它们到燧石地和硬土地上跑过很远，它们的马蹄此刻正因此痛苦不堪。我看到一个军官来到我们这里，检查一番之后，他又走进厨房在炉膛旁取暖。"那些马的蹄子简直像是母牛的蹄子，蹄底磨坏了，蹄叉都腐烂了！"谈起我们最好的马时，他这样说。我不敢再看军官的脸，但是他已经猜到了是我。姨妈们转过身去的时候，他悄悄对我说："是不是有人在马没上蹄铁的时候去骑马了，嗯？小家伙！"

这并不是说我喜欢马。我从来不是"爱马如命"的人，那些人会很高兴地为马洗刷梳毛；我也从未像英国女人那样，只要有时间就到马厩里去。但有一点仍然是千真万确，马决定了我的一生。

故事是这样的：

我的姨妈们在某一个夏天把我送到了维希——我祖父的家

里。祖父在维希负责看管温泉。我很高兴自己逃离了蒙多尔,逃离了黑房子,逃离了针线活儿和我的嫁妆,我再也不用在抹布上绣出今后丈夫的首字母,再也不用在假定的新婚之夜时穿的睡衣上绣出俄罗斯十字绣,这一切都让我感到恶心。我疯狂地唾弃我的嫁妆。我那时已经十六岁。我变得很美。我有一张巴掌大的小脸,埋在浓密的黑头发里,我的长发几乎可以触到地面。维希!在蒙多尔之后,这是一个多么美妙的地方啊!我再也不用看姨妈们的眼色,我多么喜欢祖父母的家长式管理!白天,我独自到外面散步,我一直向前走,任微风拂面。离开了姨妈们的栗树园,维希简直就是仙境。事实上是一个丑陋的仙境,但是对于初来乍到者来说,它仍然是神奇的。我终于近距离地看到了那些沐浴的人。在提耶尔,我们从不敢躲在紧闭的百叶窗后偷看;我们也不能围观穿苏格兰花呢的夫人们——那些"怪人"。在维希,我可以大饱眼福。我觉得自己处于一座充满怪诞的城堡之中。那是一个国际性的都会,原地不动就仿佛是在旅行:维希是我的第一次旅行。维希将教会我如何生活。今天的女孩子们什么都懂,而我们,我们什么都不知道。我并不为此感到遗憾。

(波城的城堡)
la chateau de Pau

从贡比涅到波城

在维希,我看着来来往往的夫人们——老夫人们,因为那里只有老人。(1910年的时候,年轻人并不饮酒,因此他们无需保养肝部。)但我并没有因此感到失望。一切都使我感到开心,甚至包括喝泉水时用的雕花玻璃杯。处处都有人在谈论"外国人",外语令我着迷,我们也可以说,外语是通往神秘社会的一把钥匙。

我看着那些古怪的人络绎不绝地经过,我对自己说,"或许我应该成为某种人,而此刻却不是。"事实上,我很快地成为了那种人,比我想象得要早得多。在家人带我去的一个茶会上,我认识了一个年轻人巴先生[1](巴勒松),他拥有一队赛马。

"您真幸运,居然有那么多的赛马!"我带着一种天真的热情对他说。

"您想要过来参加练习吗,小姐?"

"梦寐以求!"

---

[1] 原文为M.B.,即Monsieur Blasan的缩写,意为巴勒松先生,此处参照语气译作巴先生。

我们的约会定在第二天。经过阿列河,经过栈桥,我便来到了草地上的马厩栏前。在那里我们可以闻到翻腾的水花的味道,还可以听见水坝里狂吼的水声。新近画出的直线跑道与河岸平行延伸,沙滩、白色的栅栏,远处还有旧时波旁省的山峰。阳光映照在加纳特镇起伏的山坡上。

赛马的骑师和马房仆役先后骑马经过,膝盖顶在了下巴上。

"多么美好的生活啊!"我感叹道。

"我一年到头生活都是如此,"巴先生说,"我住在贡比涅。为什么不让这种生活也成为您的生活呢?"

我答应了他。我再也不必回到蒙多尔,再也不必看到我的姨妈们。

这便是我的童年,一个被收养的孤儿的童年。我没有家,没有爱,也没有父母。我的童年是可怕的,然而我并不后悔。对于凶恶的姨妈们来说,我是忘恩负义的:我亏欠她们所有。一个叛逆的孩子变成了一个全副武装的坚强的人。(十一岁的时候,我比现在更有力量。)

亲吻、抚摸、教师和维他命毁灭了孩子们,让他们变得脆弱和不幸。而丑恶的姨妈们却会使孩子们变成征服者……也是她们造就了孩子们的自卑情结。然而对我来说,一切恰恰相反。在恶意之下会有力量,在骄傲之下则会产生对成功的兴趣和对伟大的渴望。有老师的孩子们可以学到知识。我是一个自学的人,我学得很糟糕、很杂乱。然而当生活使我接触到比如斯特拉文斯基、毕加索这类最为优雅、最有天分的同时代人物时,我既没有自觉愚蠢,也没有感到拘束,这是为什么?

因为我独自领悟出了书本上学不到的知识。我在后面还会提到这一点。而现在我想用一句重要的格言作为结尾:"人们总是通过书本上学不到的东西取得成功。"这是我成功的秘诀,或许也适用于文明的进程,这与冷酷无情的处事技巧截然相反。

我逃跑了。我的祖父以为我回了姨妈家,而姨妈们却以为我还在祖父家。总有一天他们会发现我既不在此处也不在彼处。

我跟着巴先生来到贡比涅,在那里住了下来。我感到非常无聊。我不停地哭泣。我向他讲述了一个受难儿童的故事。应该指出这种做法是错误的。我哭了一年。仅有的幸福时光,是在森林里骑马的日子。我学会了骑马。在此之前我对骑术毫无概念。我从来就不是一个精通骑术的女人,而那时我甚至不太会骑马。童话结束了。我不过是一个迷失的孩子。我不敢给任何人写信。巴先生很害怕警察。他的朋友们对他说:"可可太小了,把她送回家吧。"巴先生或许会很高兴看到我离开,但是那时我已经没有自己

(埃米莉安娜·达朗松)

的家了。巴先生当时刚刚抛弃了一位著名的美人埃米莉安娜·达朗松,他的房间里到处都是她的照片。"她真美!"我天真地对他说,"我可以认识她吗?"他耸了耸肩,告诉我决无可能。我不知道巴先生害怕警察;而我,我却害怕仆人们。我对巴先生说了谎。我隐瞒了自己的年龄。我告诉他我快到二十岁了,实际上我只有十六岁。我出现在贡比涅的赛马场上。我戴了一顶窄檐草帽,压得低低的,穿着一件外省的女士外套,用我的小型望远镜紧紧追随着比赛的情况。我相信没有人会注意到我,但其实我根本不了解人们对外省人的看法。事实上我吸引了所有人的目光。那天的我是一个荒谬的、衣着突兀的野孩子,梳着三根粗辫子,发间还别着饰带。

巴先生带我来到了波城。比利牛斯山的冬季温和,山中沸滚的激流奔向朗德盆地,草地四季常青。那里还有赛马中用的浅草障碍斜坡,雨中的英国兵,还有欧洲著名的猎狐路线……

我远远望见了有着六座塔楼的古堡,比利牛斯山上的白雪与湛蓝的天空交映成趣。出行用马、猎马、半纯种马、塔布马从早上开始便陆续经过皇宫门前。我现在似乎还能听到马蹄踏在路面上的声音。

在波城,我认识了一个英国人。我们是在一次出游中结识的。我们都骑在马上,第一个摔倒的人要为其他人付酒钱。他很年轻,很迷人,没有一丝凡俗之气。他很英俊,晒黑的肤色充满了诱惑。不,他不止是英俊,简直是绝美。我喜欢他的漫不经心和他的绿眼睛。他喜欢骑烈马,他是那样强壮。我已经爱上了他。我从没有爱过巴先生。我和那个英国人之间没有任何的言语交流。有一天我听说他要离开波城。

"您要走了吗?"我问道。

"很遗憾,是的。"他说。

"几点钟?"

第二天,我出现在了车站,踏上了列车。

抵达巴黎

那个俊朗的英国人名叫卡柏男孩。他也不知道应该拿我怎么办。他带我到了巴黎,让我住进一家旅店。年轻的巴先生失望至极,不久被他的父母送往阿根廷。

巴先生和卡柏都很同情我,他们觉得我是一个被抛弃的小麻雀,实际上我是一只猛兽。我渐渐地懂得了生活,我是说我渐渐地能够应对生活。那时我非常聪明,比现在聪明许多。无论是从外表上还是在心理上,我都不像任何人。我喜欢孤独、本能地热爱美丽的事物,讨厌肤浅的漂亮。我总是说实话。相对于我的年龄来说,我有着过于准确的判断力。我能猜出什么是虚假的,什么是习惯的,什么是不好的。巴黎使我感到极端恐惧。我对世界一无所知。我不懂社交中的细微差别,也不知道各个家族的故事、丑闻或各种暗语。巴黎所知的一切我都一概不知,而这些在任何的书本上也无法找到。我的骄傲使我不能去询问,因此我一直处于无知之

中。

卡柏男孩有着广阔的文化背景和奇特的个性,他最终非常清楚地了解了我。

"她看起来很肤浅,"他说,"但她并不肤浅。"

他不想我有其他的朋友。他说:"他们会伤害你。"

他是我唯一爱过的人。他已经去世了。我从来没有忘记过他。他是我生命中的一个奇迹。我遇到了一个没有使我变坏的人。他是一个非常坚强、个性独特的人,他生性热情而执著。他不断地训练我,他发掘了我身上独一无二的东西,摒弃了其他的特点。三十岁的时候,很多人都在挥霍着自己的财富,而卡柏男孩却已经通过煤炭运输建立了经济基础。他有一支马球队。他是伦敦最有才干的人之一。对我来说,他是我的父亲、我的兄长、我的家。战争开始的时候,他赢得了老克里蒙梭的好感,克里蒙梭对他非常器重。他礼貌而优雅,在上流社会取得了辉煌的成就。他只喜欢那个外省的野孩子的陪伴,他只喜欢追随他而来的那个不听话的小女孩。我们从不一起出门(在那个时候,巴黎还有着很多不成文的规定）。我们要把公布爱情的快乐留到以后，留到我们结婚的时候。然而有一次我非常任性地要求卡柏男孩放弃杜维埃俱乐部的一个宴会，要他单独和我在那里吃晚饭。我们成了万众瞩目的焦点：我羞涩的入场、我笨拙的举止和一袭简洁而美妙的白裙形成了鲜明的对比，引起了所有人的注意。当时的美人们都心存忧虑，她们仿佛感觉到了一种未知的威胁。她们忘记了她们的勋爵和大公，卡柏男孩在她们桌上的位置依然空着。波利娜·德·拉博德、玛尔特·勒泰利耶一直目不转睛地看着我。很多年后，当时的一位优雅的知名人士曾向我提起过我几乎已经遗忘了的那次晚宴："当晚您给我带来了这一生最大的震撼。""我很清楚卡柏男孩是因为她而抛弃了我们！"晚宴上一个英国女人如是说道。她的客观无异于火上浇油。

我的成功始于那个晚上。它首先是一次英国式的成功。我在英国人身边的时候总是会成功，我自己也不清楚个中缘由。英国与法国的关系经历了众多的考验，但是我的英国朋友们总是对我非常真诚。不久前，我的一位英国朋友向我承认："与您相识之后，我又重新爱上了法兰西。"

卡柏男孩那些美丽的朋友们满是妒意地对他说："离开那个女人！"而我几乎一点妒意也没有，我把他推到她们怀里，她们什么都不懂，依然重复着："离开那个女人！"他答道："不。你们还是要我割掉一条腿吧。"他独有的天性在一个充满了虚伪的年代里震惊了所有的人。我是他的必需。

巴先生从阿根廷回来了。他给我带回了柠檬,却在袋子里腐烂了。

"你和你的英国人发展到了什么地步？"

"我们……发展到了男人和女人的地步。"

"很好,继续吧。"

这段简单的对话难以表明异常复杂的情况。如今一切都变得非常容易。速度主宰着感情生活,也主宰着余下的一切。但是在情况明了之前,会有泪水,有争吵。卡柏男孩是英国人,他并不懂这些,一切都变得混乱不堪。他太讲道义了。我使他疏远了朋友们。他的朋友们讨厌我。他们与轻佻的女人们生活在一起。卡柏男孩把我藏了起来。他拒绝我与他的朋友们交往。我问他原因：

"她们那么漂亮,"我说。

"是的,但是此外无他。"

"为什么她们从来不到我们家来？"

"因为……你和她们不属同类。你不像任何人。还因为,一旦我们结了婚……"

"但是我不漂亮……"

"你当然不漂亮,但你的美丽无人能及。"

我们的房间里满是鲜花,但是在这种奢华之下,他依然保持着英国人的道德准则。作为一个有教养的英国人,卡柏男孩也保持着他的严肃刻板。在训练我的时候,他从不会纵容我。他会品评我的举止:"你做得不好……你说谎……你错了。"他有着一种男性温柔的权威,这种权威属于那些懂得女性又盲目地爱着女性的男人们。

有一天,我对卡柏男孩说:

"我要工作,我想做帽子。"

"很好,你一定会成功。可能你会消耗很多资本,但是这无关紧要,你需要有事可做,这是个绝好的主意。最重要的是你要幸福。"

我在赛马场上见到的那些女人们头上都戴着圆面包一样的帽子,这种宏伟建筑是由羽毛、果实和冠饰构成的,最让我觉得恐怖的是,她们的帽子根本无法把头套进去。(我是说我的帽子总是很深,可以遮到耳朵。)

我在康朋街租下了一间二楼的店铺。现在这店铺依然属于我。在门上人们可以看到"香奈儿女帽"的招牌。卡柏为我选了一个非常出色的帮手——奥贝尔夫人,她的本名叫做德·圣蓬小姐。她会给我建议,并且指导我。在比赛看台上,人们开始谈论我的惊

人之处,谈论我奇异的帽子——那么简洁,那么朴素,仿佛预示了此时还没有任何征兆的一个铁器时代的到来。逐渐有客人来访,她们首先是受好奇心的驱使而来。有一天,我接待了她们之中的一位,她毫不隐瞒地对我说:

"我来……是为了见您。"

我是一个好奇的傻瓜,一个把窄檐草帽架在头上、把头架在肩膀上的小女人。

人们越是想见我,我越是会躲藏起来。这个习惯我一直保持至今。我从不会出现在沙龙里。在那里我必须要与人交谈,这使我惊恐万分。我不懂销售,而且从未懂过。当一位客人执意要求见我的时候,我会躲在壁橱里面。

"快去,安热勒。"

"但是小姐,她们想见的是您。"

我羞得无地自容。我觉得所有人都聪明,只有我愚蠢。

"人们总是跟我提起的那个小女人在哪儿?"客人坚持道。

"出来吧,小姐!"安热勒恳求道。

"我不能出去。如果她们觉得帽子太贵了,我想我可以送给她们。"

我有这样一种预感:"见过的客人都会失去。"这种预感已经经过了无数次的验证。如果我在店里意外地遇到了客人,我就会不停地讲话。出于羞怯,我要躲到谈话中去:我们总是取笑那些侃侃而谈的人过于自信,然而他们之中有多少实际上只是害怕沉默的沉默的人?

我确实极端幼稚。我根本不能猜出人们的兴趣所在。我并不知道人们要看的是我。我觉得自己只是一个外省的小女孩,我记得小说女主人公们所穿的那种怪异的裙子,那些裙子曾使我朝思暮想,然而那个时代早已过去。我甚至再也没看过修道院寄宿学校的校服,那些配有短披肩和"圣灵"或"圣母之子"牌饰带的制服曾经是童年的骄傲。我不再梦想花边,我知道一切华美的东西都不适合我。我只喜欢穿我那件母山羊皮的大衣和我的破旧衣裳。

"既然你这样坚持,"卡柏对我说,"那我就请一位英国裁缝把

femme aux courses en 1911 (1911年观看赛马的女人)

它们改得更优雅些,你可以一直穿在身上。"

康朋街的一切由此开始。

卡柏男孩给了我使我开心的东西,而我过于沉迷其中,以至遗忘了爱情。事实上,他想将自己生活中所缺少的快乐全部留下给我。

"告诉我你和谁睡在一起,我对此很感兴趣。"我这样对他说。(我不记得我当时用的是什么词,但一定不是"睡在一起"。1913年的时候,人们不会这样说。)

他笑道:

"你觉得这样会使我的生活简单吗?这样会使我的生活复杂起来。你似乎没有觉察到这一点,但你依然是一个女人。"

(1946年的情侣着装)

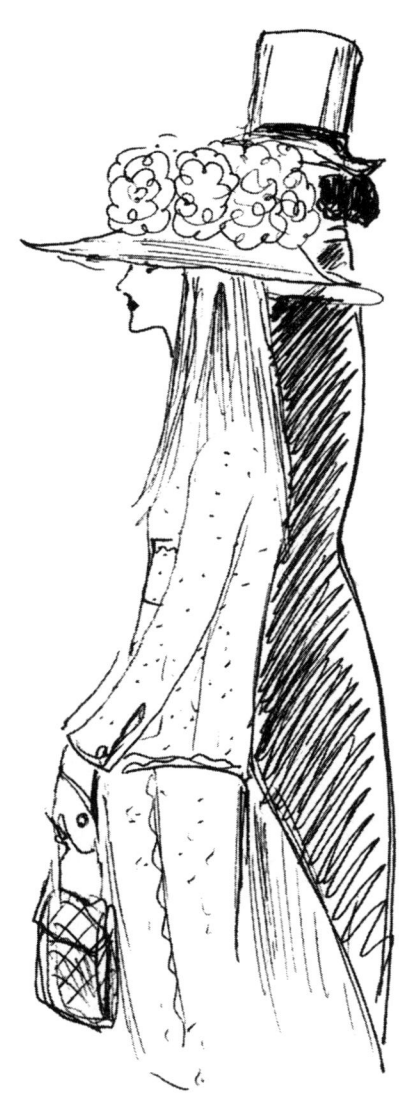

(1996年的情侣着装)

(1910年杜维埃的优雅女人)

康朋街

我小的时候,我的姨妈们不断地对我说:"你是不会有钱的……""如果有个农民想娶你,你就应该感到很幸福了。"很小的时候我便知道,没有钱你什么也不是,而有了钱你便可以为所欲为。或者,你可以依靠你的丈夫。没有钱,我便须坐等一位先生来娶我。如果你不喜欢他,怎么办呢? 其他的女孩子会逆来顺受,而我不会。我的骄傲会使我感到痛苦。那种情形简直与地狱无异。我不断地对自己说:"金钱是万能的钥匙。"这种想法本身是稀松平常的,但对我来说,它的价值在于,我十二岁就发现了这一事实。

开始人们总是想赚钱,而后又会被工作所吸引。工作的吸引力远远大于金钱。金钱最终不过是经济独立的象征。对我来说,金钱之所以能吸引我,只是因为它满足了我的虚荣心。我并不是需要用钱去买什么东西,我从未渴求过什么,除了温柔。我需要购买的只是自由,我会不惜一切代价买下它。

刚在康朋街安顿下来时,我对生意一窍不通。我不知道什么是银行,什么是支票。对生活的无知使我感到羞愧,但是卡柏男孩更希望我保持原来的样子,保持他最初遇到我时的样子。"生意就是银行,"这就是我所得到的答案。卡柏在劳埃德银行里存下证券作为担保,他是那家银行的合伙人之一。这样我的生意便可以开始了。

一天晚上,他带我去圣日尔曼吃晚饭。

在路上我对他说,"我赚了很多钱",语气中带着年轻人的虚荣。"生意进展极其顺利。一切都非常简单,我只需要开张支票。"

我对成本、账目等等都毫无概念,不久后康朋街的一切都乱作一团。

我只关心帽子的样式,很幼稚地喜欢听人叫我"小姐"。

"是的,这样很好。但是你欠了银行的钱。"我的伴侣回答道。

"什么?我欠了银行的钱?那是因为我赚了钱吗?如果我没有赚到钱,银行是不会给我钱的。"

卡柏笑了起来,甚至带着点嘲讽的意味。

"银行给你钱,是因为我用证券做了担保。"

我的心开始跳得厉害。

"你是说我挥霍的那些钱并不是我赚的?那些钱是我的!"

"不,那是银行的。"

我怒火中烧,失望透顶。到了圣日尔曼之后,我一直向前走,走到自己筋疲力尽。

"昨天银行还打过电话给我……他们说你在银行提的钱太多了,但是亲爱的,这都无所谓……"

"银行打电话给你?为什么不打给我?那就是说我在依赖你?"

我心中绞痛,晚饭更是难以下咽。我要求回巴黎去。我们回到了加布里埃尔街的公寓。我看着那些我买下的漂亮物品,我曾经以为那些钱是我的利润。原来一切都是他在支付!我是在靠他养活!那天晚上是雷雨天气,而我胸中更是一阵暴风骤雨。我开始憎恨这个为我付钱的有教养的男人。我把手袋迎面扔向他,而后逃出门去。

"可可!……你疯了吗……"卡柏一边追着我一边喊道。

我不知方向地在雨中乱走。

"可可……理智一点。"

他在我的后面跑,在康朋街的街角追上了我。我们两个的身上都淌着水。我抽泣起来。

卡柏把我带回家。这时雨已经停了。我的骄傲所受到的深深伤害反而使我不再那么痛苦。很晚的时候,我们一起出去吃夜宵……多么糟糕的一天!第二天我很早便来到了康朋街。

"安热勒,"我对我的工长说,"我在这里不是为了消遣,不是为了胡乱挥霍。从今开始,没有我的允许,任何人不许为我担保,一个生丁也不行。"

"你太骄傲了，"卡柏对我说，"你会受苦的……"

一年以后，卡柏的担保便成了摆设，他可以收回他的证券了，因为康朋街的利润已经足够支付一切。骄傲是一件好事，但是从那天开始，我无忧无虑的青春彻底结束了。

一段回忆应该有其寓意性的结论：那是它存在的理由，否则它便只是一段无稽之谈。人们只有通过工作才能成名。天上不会掉馅饼，我需要亲自和面做出来给自己吃。我的朋友们说，"可可所碰到的一切，她都能将其变成金子。"成功的秘诀就在于，我一直在辛苦地工作。我工作了五十年，和所有人一样努力，甚至比任何人都更努力。证券、胆量或机遇，什么都无法替代工作。

有一天，我又遇到了巴先生。

"你似乎是在工作？"他不无讽刺地对我说，"卡柏养不起你吗？"

我可以这样回答这些游手好闲的年轻人，这些轻佻女人的供养者："我不亏欠任何人。"多么潇洒！我就是自己的主人，我只依靠我自己。卡柏男孩很清楚地注意到他并没有守住我：

"我以为我给了你一件玩具，实际上却是给了你自由。"某天，他面色忧郁地这样对我说。

1914年，战争爆发。卡柏强迫我撤退到杜维埃，他在那里为他的那些赛马租下了一栋别墅。很多优雅的女人也到了杜维埃。我不仅要为她们提供帽子,不久之后,由于缺少裁缝,我还需要为她们置备衣服。我身边只带着制帽女工,所以我把她们变成了裁缝。衣料紧缺。我按照马房仆役穿的毛衣式样为她们制作jersey针织上衣,或是为她们制作像我自己穿的那种户外运动针织衫。战争的第一个夏季过去,我赚了两千个金法郎……而且赛马也取消了最佳观赛区!

我对自己的新职业有多少了解呢?一无所知。我不知道存在裁缝这一说。我是否已经注意到自己在服装业掀起了一场革命?完全没有。一个世界正日暮西山,而另一个世界如旭日东升。我处在这个变化的时代中,机会向我招手,我就抓住了它。我是新世纪的同龄人,时代造就我用服装展现这个时代的变迁。我们所需的,是简单、舒适、整洁,不知不觉中,我为这个世纪提供了它的一切所需。真正的成功是命中注定的。

1914年前的最佳观赛区!我没有想到,在看赛马的过程中,我见证了奢华的泯灭,目睹了十九世纪的消亡和一个时代的结束。华美的欧洲同时也是没落的欧洲。巴洛克风格闪耀着它最后的光影。繁饰扼杀了线条,额外的负载压制着身体的结构,就像是热带雨林中寄生虫使树木几近窒息。女人不过成了财富、蕾丝、貂皮、毛丝鼠皮和贵重面料的代名词。复杂的装饰、繁琐的花边、刺绣工艺、薄纱轻罗、繁复的色彩使得服装变成了一件迟来的华美艺术

巨构。长长的裙裾拖扫着尘埃,调色板的各种细微变化把彩虹分解成了千万种精美的颜色,最终却使其枯燥乏味,空余矫揉造作之感。稀有变成了普遍,富有平常得一如贫穷。

孩提时代,我也同许多人一样为这种美丽所折服。在蒙多尔,十五岁的时候我可以按照自己的意愿定做一条裙子:我的裙子是淡紫色的,就像勒梅尔出版社的劣质小说一样的淡紫色,裙子的后身束紧,仿佛身后跟着无数的侍女。裙子两旁缀有手制的深紫罗兰花束,就像剧作家罗斯坦所描述的那样。裙子的衣领是由两根鲸须支撑,这两根鲸须一直伸进了我的脖子里。在下面,裙子的后面拖着一个"清扫机",可以一路收集身后所有的仰慕者。

像那位拿着机械手的夫人一样,我决意定做这样一条裙子。那是近郊的一位夫人,她很穷,很少说话(在外省,人们都很少说话)。出于一种受压抑的自恋心理,或是一种隐约的包法利性格,她总是穿着不同寻常的裙子。她穿的那些紧身衣裙使我羡慕不已。更让我目瞪口呆的是,她有一只机械手,那是一把手型的金属钳子,她用它来提起裙裾,就像是系好窗帘上的束带。她很腼腆地说这样是为了节省。然而我却在其中看到了优雅的极致。我从来没敢向她借用那把形似芦笋的机械手,但是我发誓自己也要有一件同她一样的拖裾长裙。我的拖裾太长,以至于我要将它挽在臂间,我是多么优雅啊!我就这样穿着去做弥撒,我要去炫耀,我要让所有人因我惊讶……我穿好衣服下楼。结局恰如人们所料:"现在,"我的姨妈们说,"你上楼去换衣服,我们去做弥撒。"多么可怕的判决!做日课的时候,我哭了,我求上帝赐我一死。

初次的失败同样也是外省带给我的初次的礼仪课和品味课。间接地说,是我奥弗涅的姨妈们将其谦逊简朴强加在了美丽的巴黎女人身上。很多年过去,直到今天我才明白深色的庄严朴素,我才懂得去尊敬从周围自然环境中所获取的颜色。我设计的羊驼毛织料的夏衣和羊毛呢织料的冬装,剪裁都酷似修道士的圣袍,那些优雅女士们所迷恋的这种清教主义都来源于蒙多尔。我之所以在头上低低地扣上一顶帽子,是因为奥弗涅的风会吹乱我的头发。我是征服了巴黎的公谊会教徒,正如五十年前日内瓦和美国的粗呢征服了凡尔赛。

1914年的一切仍同1900年一样。而1900年仍然是第二帝国时期,有着第二帝国时期千金易得的迷醉,其服装式样也很快地从一种风格转移到另一种风格,设计师们极其浪漫地从各个国家、各个时代汲取灵感,却没能够找到一种恰如其分的表现方式——那是因为服饰的美感永远都只是道德忠实性与情感真实性的外在体现。

这就是为什么我会成名,为什么我会经久不败,这就是为什么我在1913年穿的小套装到1946年依然能穿出去,因为新的社会状况与我穿这件衣服时的社会状况具有相同的本质。

这就是为什么康朋街三十年间一直是时尚品味的中心。因为我发现了忠实性,并且按照自己的想法使时尚变得忠实。

1914年还没有出现运动裙。观看体育运动的夫人们仿佛是以前戴着圆锥形女帽观看骑士比武的夫人们。她们的腰带束得太低,她们的髋部、腿部处处都被束缚起来……她们吃得很多,于是就会变得很强壮,而正因为她们很强壮,又不想被人看出这一点,所以她们紧紧地压制着自己。紧身胸衣把脂肪挤到了胸部,把它藏在了裙子下面。通过发明jersey针织上衣,我解放了女人的身体,我放弃了腰身(直到1930年我才重新开始注意这里),我塑造出了新的廓形。为了适应这样的风格,在战争的作用下,我的客人们全部都瘦了下来,"像可可一样苗条。""在可可那里,我们感到很年轻,像她那样做吧。"她们对其他的服装设计师说。在众多女装店主的盛怒声中,我把裙子改短了。Jersey针织面料不再只用作内衣,我使它光荣地成为了外衣。

1917年,我剪短了自己浓密的黑发。我逐渐地把它越修越短,最终我梳起了短发。

"您为什么要把头发剪短?"

"因为头发妨碍我做事。"

(第一个短发女人，1912年的领花时代)

所有人都为此陶醉，他们说我"像个小男孩儿，像个牧童"（对于女人来说，这样的话开始变成了恭维话）。

我决定用最廉价的毛皮代替昂贵华丽的皮草。我再也不从南美订购毛丝鼠皮，再也不从沙俄订购紫貂皮，我开始使用兔皮。这样我使穷苦人和小商人发了财，大商人们一直不肯原谅我这一点。

"可可的成功是因为现在不再有盛大的晚宴了，"1914年前最著名的女装设计师们如是说，"但是一件晚礼服……"

晚礼服有它容易的一面。而jersy针织上衣却完全是另外一回事！和吕库古[1]一样，我不赞成使用昂贵的面料。一袭华美的面料，

---

[1] 古希腊斯巴达改革家，提倡俭朴。

其本身是美的,但是一件裙子愈是金贵,就会变得愈为贫乏。人们把贫乏与简约混为一谈了(自己放弃总要好过被人剥夺)。

1920年后,大设计师们开始试图反击。我记得在那个时候我曾经在演员化妆室的一角看整个剧院大厅。那些复兴的花哨颜色让我很是吃惊,那些红色、绿色还有电蓝色,普瓦雷把里姆斯基·科萨科夫和古斯塔夫·莫罗的惯用色彩全部引入了时装界,这些使我觉得恶心。俄国的芭蕾舞,那是舞台的装饰,不是服装的装饰。我清楚地记得当时我曾对身边的一个人说:

"这些颜色简直让人难以忍受。我会让这些女人们穿上黑色。"

于是我主张黑色。这种颜色流行至今。因为黑色横扫一切。我以前也会容忍其他的颜色,但是会把它们处理成单色的主体。法国人总是没有整体的概念,而在英国的庭园里,构成"绿草带"之美的,恰恰是整体因素。一株秋海棠,一朵雏菊,一只云雀,孤立地看毫无特别之处;但是如果花丛有二十尺深,那么它便是一个极美的整体。

(1912年,可可仍是一头长而黑的秀发)

en 1912 Coco avait encore la masse noire de ses cheveux longs

"这样会剥夺了一个女人所有的特性!"

错!女人只有处于集体之中时才能保持她独特的魅力。例如歌舞剧中的一个群众角色,把她孤立出来,她便像是一个丑陋的木偶;而我们再把她放回原来的队伍中,她不仅恢复了所有的资质,而且与其旁边的演员相对比,她的特色也凸现了出来。

我从苏格兰引进了斜纹软呢,并且用朴素的织物取代了绉绸和薄纱。我坚持让人们减少毛料衣物的清洗次数以保持其柔软度。在法国,人们洗涤的次数太多了。我从批发商那儿订购自然色颜料,我想让女人们顺应自然,服从生物适应周边环境的法则。在草地上穿一件绿裙子是非常可行的。我到罗迪耶那里,他非常骄傲地给我看了二十五种不同的灰色。这样让顾客如何做出选择呢?她需要依赖她的丈夫,而她的丈夫又有其他的事情要做,这位夫人便会推迟订货,而卖主只能空费时间。裙子裁好之后,买主又会改变主意,等等。我确实该为自己简化了色板而感到自豪。

到此为止吧,我不能为叙述一些显而易见的道理而继续饶舌了。所有这一切都是人尽皆知的,并且早已过时。四分之一个世纪以来,时装杂志已经写满了我的工作方法:在别人绘图设计、做玩偶娃娃或制作模型的时候,我是如何在寻找真人模特。(我的剪刀并不是普拉克西特列斯的雕刻刀,但是我同样更多地是在雕刻模型,而不是在绘图设计。)我的模特们是如此长期不变,以至于我对她们的身体和面貌比对自己的身体面貌更为熟悉。从简单的套裙到盛装礼服，我店里所出产的作品是那样地如一人所做。

如果让我写一部技术手册，我会写下："一件制作精良的裙装可以适合所有人穿着。"虽然这样假定，但是每个女人的臀围不尽相同，肩部也是情况各异……一切都取决于肩部，如果一件裙子的肩部不合身，那么它永远都不会合身。身体的前部是不动的，背部则会弯曲。一个丰满的女人背部总是很窄，而一个消瘦的女人却往往会有宽背。背部活动的时候，至少要有十厘米的空间，必须能够俯身打高尔夫球或穿鞋子。另外还需测量顾客们双臂交叉的情况……

上身的一切接合处都在背部，所有的动作都是始于背部。因此在背部需用尽可能多的布料。衣服穿在身上应该能够活动自如。一件衣服在人们静止的时候应该能合身，而在人们运动的时候又应该有足够大的空间。不应该害怕褶皱：一个褶皱如果有用的话便总是美的。不是所有的女人都是维纳斯，因此我们无需任何掩饰，我们所遮掩的一切总会呈现得更为

清晰……在模特身上,我会先用棉坯布先设计构思,真正的布料选择应该推到后面。调整得恰到好处的棉布坯衣比任何衣料看上去都更漂亮……在前面提高腰身会使一个女人显得更高,放低臀线则会掩饰下垂的臀部(臀部形状像是"一滴油"的情况真是屡见不鲜!)。裙子的后身应该裁得更长,因为它总会往上升。所有能使脖子显得颀长的设计都很美……

我可以这样一连讲上几个小时,然而很少有人会对这些产生兴趣,所有专家都了解这些基本常识。众多诸如《Marie Claire》杂志早已把这些知识传播到了寻常百姓家。至于美国,当我到了美国的时候,我非常惊讶地看到人们什么都已经知道:我在哪一年开始设计长裙,哪一年又将它们裁短。我不需要解释我的作品,它们似乎都在进行着自我阐释。

现在,我用两句话来解释为什么我不跟您提起裙子是怎样制作出来的:首先因为我从来就不是裁缝。我很羡慕那些懂得缝纫的人,而我从来没有学会过缝纫,我会刺到自己的手指;其次,现在所有人都知道怎么做裙子。通不过综合工科学校考试的高尚绅士们都知道如何去做。那些已经站不稳的老夫人们也知道如何去做,她们一生都针不离手,她们是能令人非常愉快的人。

而我恰好相反,我是令人非常憎恶的人,我希望有人能体会出这些由衷的话。

我和卡柏男孩住在加布里埃尔街一栋迷人的公寓里。我第一次看到乌木漆面屏风的时候,几乎喊了出来:

"真漂亮啊!"

我从未这样评价过任何物品。

"您真是太有艺术气质了……"某次晚宴中,一位陌生的老先生如是对我说。

"我没有艺术细胞。"

"那么,"他有几分紧张地斜眼看着我的请柬,"您不是香奈儿小姐?"

为了避免麻烦,我简单地回答道:"不,我不是。"

我有很多乌木漆面屏风。中世纪的时候,它们起着壁毯的作用,人们可以用屏风重构他们的房间。贝哈德对我说:

"您是个最为怪异的人。"

但是与我更为熟识的科克多却说:

"我不敢告诉别人你是怎样生活的:早上七点钟起床,晚上九点钟入睡,人们永远都不可能相信这些。而你也什么都不去争辩!"

我只喜欢在人前表现怪异。

我染出了第一批米色地毯。这种颜色让我想起踏实的土地。所有的室内家具也是同一颜色。直至有一天,"室内家具设计师"们向我求饶。

"试试白缎色,"我对他们说。

"真是好主意!"

而后成套的家具便淹没在一片雪白之中,就像伦敦萨默塞特·毛姆夫人的时装店里曾用天真的白缎色来装饰店面。天然漆、中国的蓝色与白色、带有大幅图案的米纸、英国的银器、花瓶里的白色花朵。

我同样记得亨利·伯恩斯坦[1]第一次来到加布里埃尔街时所表现出的惊讶:

"这里真是太美了!"

(从那以后,安托瓦尼特·伯恩斯坦的巧手便将这种新式装饰艺术发展起来,从体育馆剧院到大使剧院,这种艺术在当时蔚然成风。)

怪异已经到了垂死关头,我希望我曾推动了它的消亡。保罗·普瓦雷是一位有创意的女装设计师。他使最私人的午餐变成了沙布里昂[2]式的舞会,而最为简朴的茶会也如同哈里发们在巴格达

---

[1] 法国剧作家。
[2] 沙布里昂伯爵夫人,19世纪舞蹈家。

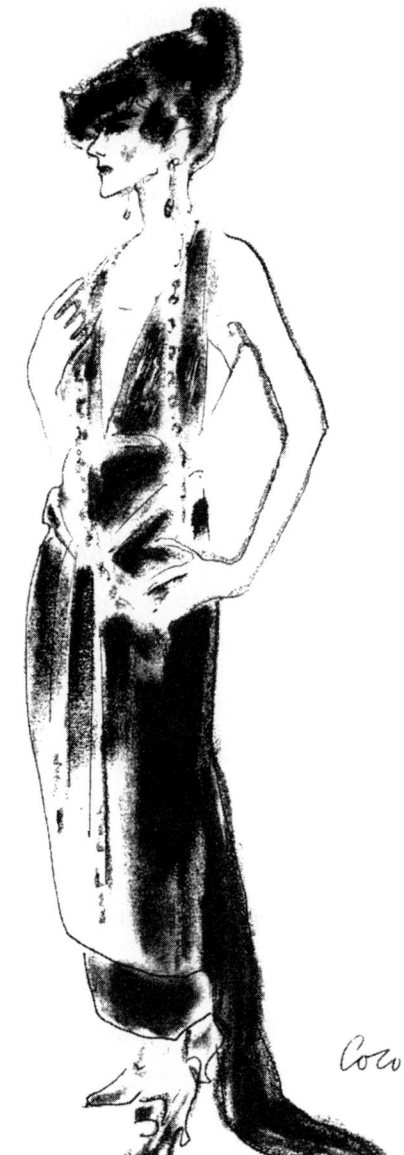

(1919年,身穿香奈儿女裙的可可)

所欣赏的表演。最后的交际花们，这些赏心悦目的女性，曾为我们的艺术繁荣作出卓越贡献。在"嘉娜达"[1]、弗尔萨纳、玛丽-路易丝·埃鲁埃和艾里布夫人穿着蓬裙在探戈舞曲中婀娜多姿，猎犬和猎豹陪伴在她们的身边。这确实让人陶醉，但是这很容易。（为芭蕾舞剧《天方夜谭》设计服装非常容易，但是一件黑色小裙却很难做。）我们必须对独特性保持怀疑：服装业很早就陷入了掩饰和装饰之中。某位公主为她那印有黄道十二宫的绿色披肩骄傲不已，然而这只能使无知的人感到惊艳。与其表面所呈现的效果相反，我们应该指出正是怪异毁灭了个性。所有极端的东西最终都会被贬抑。一位美国人的赞美让我非常开心：

"花了那么多钱却不落痕迹！"

我买得最多的是书，为了阅读。书曾是我最好的朋友。收音机是一个装谎话的盒子，而每一本书都是一件珍宝。最糟糕的书也会告诉你一些道理，一些真实的情况。最拙劣的小说也同样是人类经验的纪念碑。我见过很多睿智而博学的人，他们惊异于我所知的一切。如果我告诉他们我是通过小说学会了生活，那么他们更会惊诧万分。如果我有女儿，她们所有的一切教育都将来源于小说。小说里记载着别处没有写到的重要定律，这些定律往往能支配人类。在外省，人们很少说话，人们不会通过口头说教来进行教育。我曾经从女仆那里偷来蜡烛，在阁楼里借着蜡烛的微光阅

---

[1] 交际花名，下同。

读连载小说。从这些连载到最经典的巨著,所有的小说都不过是以梦做衣裳的真实故事。很小的时候,我本能地把人名录当做小说来读,而小说也不外就是更大规模的人名录。

"我从未送过你礼物,"卡柏男孩说。
"确实如此。"

第二天,我打开了他送来给我的首饰盒:里面装着一枚发冠。我从来没有见过发冠,我不知道应该把它戴在哪里。我要把它戴在脖子上吗?安热勒对我说:"这是戴在头上的,去看歌剧的时候可以戴。"

我想去看歌剧,就像一个孩子想去沙特莱剧院。我还知道男人们会送花。

"你可以给我送花,"我对卡柏说。

半小时之后,我收到了一束花。我简直欣喜若狂。又过了半小时,第二束花。我已经心满意足。再过了半小时,又是一束。这开始变得有些单调。整整两天,每半小时就会有一束花送来。卡柏男孩是想对我说些什么。我懂得了这一课。他是在告诉我什么是幸福。

我们在加布里埃尔街的幸福日子就这样一天天过去。我几乎从不出门。晚上,为了让卡柏开心,我会梳洗打扮。我知道他很快

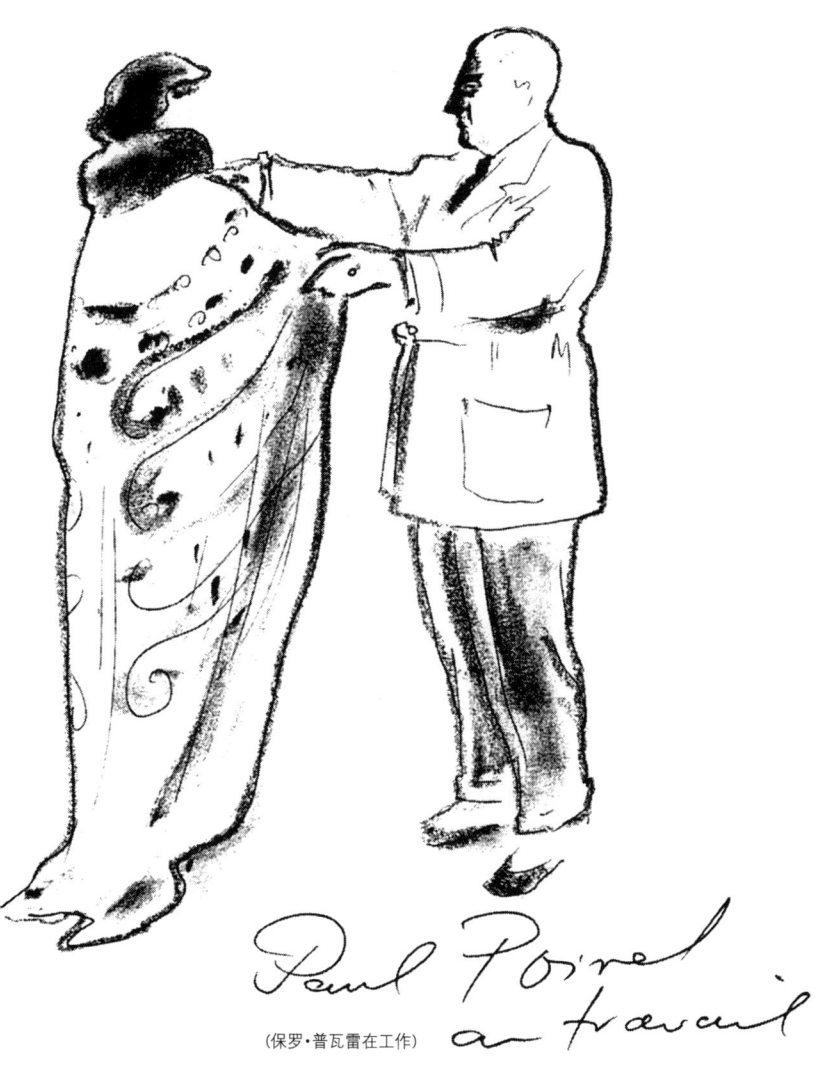

(保罗·普瓦雷在工作)

就会说:"实际上,为什么一定要出门呢?我们在家就很好。"他喜欢我呆在属于自己的环境里,而我也有着一种后宫女人的特性,很能适应这种遁世的生活。

外面的世界在我看来是那样的不真实,我从来没有养成到那个世界去的习惯。像孩子们一样,我对社会观点没有任何的概念。我心目中的巴黎带着几分稚拙,就像一幅十五世纪的画板。例如,有一天我来到了议院。我坐在了外交专席,那是为英国使馆预留的位子。一位青年演说家以一种锐利尖刻又十分无礼的声调斥责克里蒙梭。我的反应就像是顶层楼座的常客听见了戏里叛徒的大段台词,我大声喊道:"这样凌辱国家的拯救者是多么无耻啊!"所有的人转头向我,议会厅里一片嘈杂,警务人员应声而入……

卡柏可以在克里蒙梭府上自由出入。他为克里蒙梭带来了商人的气质与才智,这其中没有等级也没有辈分。卡柏总是为他提供简单的解决方法和实用的建议,但是他并不是完全采纳。克里蒙梭对卡柏有着一种去日无多的老人所独有的迷恋。他离不开卡柏,他请卡柏接受巴黎军事专员之职,而卡柏在英国政府中也可以毫不费力地获取这一职位。他不想因此与斯皮尔斯[1]失和,因此拒绝了克里蒙梭。

---

1 英国贵族,负责英法联络。

和平期间（在那个时期，战争与和平总是交替出现），卡柏因车祸丧生。我不想把这段回忆叙述成小说……他的死对我来说是一个难以承受的沉重打击。失去了卡柏，我便失去了一切。"他如果还和我们在一起就再好不过了，"克里蒙梭如是写道。卡柏才智过人，性格独特，他虽然年轻，却仿佛已经有了五十岁的经验，他有着某种亦庄亦谐的威严，他那带有讽刺意味的严肃惹人喜爱又让人屈服。他虽然衣着时尚，性格却极其严肃，作为马球手和富商，他比其他人都有教养得多；他的思想非常深刻，甚至可以发展到众多不可思议的、甚至是玄学的层面。他写过很多作品，却从未拿来出版过。他的作品通常具有预言性质，他曾预见到1914年的战争不过是一个序曲，其后必将有一场更为严重、更为残酷的冲突。他留给我一段岁月所不能弥补的空虚。我知道在另一个世界里，他依然在保护着我……有一天，在巴黎，我接待了一位陌生的印度人。

"我有一个消息要告诉您，小姐。是您认识的一个人传给您的消息……那个人生活得很快乐，在那个世界里再没有任何烦恼。请您接受我带来的信息，您一定会明白其中的含义。"

印度人向我转述了那条神秘的信息，除了卡柏和我，任何人都不会明白其中的含义。

我不得不说，接下来的生活并不是一段幸福的生活，虽然那段生活震惊了世人。我当时是怎样的一个人呢？在康朋街工作了一整天之后，我只想回家休息。就像很多忙碌的巴黎人，因为太忙碌所以晚上不能出门。(这让外省人、外国人,尤其是美国人感到难以置信:很多法国人并不生活在街上或咖啡馆里,他们更喜欢呆在家里。)

虽然我曾经能够给周围的人带来幸福,但是我对自己的幸福却毫无概念。丑闻会妨碍我。我有各种各样故做镇静的办法。我不喜欢离开家,同样我也不喜欢别人打断我的独白,不喜欢脱离自己的思想。我不喜欢别人把我无序的生活或思想变得有条有理。秩序是一种主观的现象。我同样不喜欢听建议,不是因为我固执,而是因为我太容易受到别人的影响。而且,人们给你的,往往只是玩具、药物或是只适合他们的建议。我也不喜欢依赖别人生活,因为一旦依附了别人,我就会变得软弱下来(那是我表现善意的方式),而我不喜欢软弱。正如柯蕾非常深刻地借茜朵之口所说:"爱情并不是一种体面的感情。"我酷爱批判,如果有一天我不再批判,我的生命便已经结束。

别人都经历过青春时代。而我的青春只是一场梦。或者,梦比现实来得更好?但是孤独使我获得了成功。赌场里,当一位先生走近我,对我耳语一句之后,我就没法再赢下去。他说:
"我能不能在您的赌注里随上一千法郎?"
这种情况下,我已经预感到自己一定会输。

(1917年的香奈儿身着自己设计的服饰)

我不喜欢人们像玩弄小猫那样支配我。我径自走在自己开辟的道路上,虽然这条路也曾让我感到厌烦。我是这条路的奴隶,因为这是我自己作出的选择。我有着钢铁一样的坚韧,我从未旷过一个小时的工,也从未生过病。我逃过了好几个名医。他们预测我会有这样那样致命的疾病,而我则听而不闻。从十三岁开始,我就再也没有想过自杀。

我以做裙子为生。我本也可以做其他的事情。这只是一个偶然。我喜欢的不是裙子,而是工作。我为工作牺牲了一切,甚至我的爱情。工作耗尽了我的一生。

逐渐地,比起身边时时围绕一群朋友,我更习惯于周围有着一群老主顾,对他们,我可以随意地说:"请您走开。"

我把我的时间只用于工作。有一天,和我工作的奥夫人[1]懊恼地对我说:

"您讨厌我。"

我回答道:

"您觉得我几点钟会有时间讨厌您呢?"

人们会想到一切,他们会幻想出各种各样的假设,除了一种:我在工作,所以我忽视了他们。

1　M.A.,香奈儿的助手奥贝尔夫人。

（可可在康朋街的沙龙书房里）

意大利之旅

卡柏男孩逝世后不久，我结识了塞特夫妇。塞特夫人名叫米西亚，未嫁之前姓歌德布斯卡，波兰人；塞特的全名是荷西·马利亚·塞特，西班牙加泰罗尼亚人。我和他们是彼此的新宠……塞特夫妇因为看到一个年轻的女人哭尽了所有的泪水而感动不已。他们当时在意大利，他们放弃了回他们自己的天地威尼斯的打算，因为我不想去那里。他们为我改变了行程，开车带我出发。

我和他们的亲密友谊就这样开始了。这段友谊一直持续到塞特逝世。期间我们之间性格的反差也引起过很多波动。我试着沿着记忆的线索把这段友谊描绘成蜿蜒的曲线，或更确切地说，是曲折，因为其中的确有很多尖锐的直角。

我有一天去祈求圣人安托尼让我不要再哭泣。我站在教堂的圣人雕塑前，身边是众多海军元帅的石棺。我面前有个男人，他前

(画家荷西·马利亚·塞特)

额靠在石板上,似乎想要休息。他的脸孔如此忧伤而美丽,体现了无尽的坚毅,而其中又泛着几许温柔。他的前额筋疲力尽地触到地上,看起来那样的疲倦。奇迹在我身上发生了。"我是一个懦弱的人,"我对自己说,"多么可耻!我的生命似乎还尚未开始,我怎么能把一个迷失的孩子的忧伤与眼前这种悲恸相比较呢?"

我的身上仿佛被注入了一种新的力量,我重新鼓起勇气,决定生活下去。

塞特先生的个性,他的 *character*,比他的画作还要伟大。他仿佛是文艺复兴时期的人物,奢华而无视道德。他喜欢金钱,而同时他又十分慷慨。"你得承认,只要塞特出现,其他一切都会变得乏味,"米西亚这样对我说。确实如此。他是一个理想的旅伴,总是有着极佳的情绪。他同时也是一个妙不可言的怪异而博学的导游。他的知识结构非常坚实,就像他那幻想画一样让人惊异。这个毛茸茸的胖猴子胡须染过色,背有些驼,还戴着巨大的玳瑁眼镜——真的有车轮那么大。他喜欢一切巨大的东西。他穿着一件黑色的睡衣睡觉,从不洗澡;他什么也不穿的时候,看起来也像是穿着一件毛皮大衣。他的体毛实在太浓了,甚至有些异乎寻常。除了头上以外,他浑身都长着毛。他带我去众多的博物馆,就像是一位人身羊足的农牧神带我参观他熟悉的一片森林。在我无知的专注之中,他为我解答一切,似乎很乐于教育我。他觉得我具有一种天生的品味，这种品味比他的学识更令他欣喜。我们绕了一百公里的路去寻找某个家庭餐馆，要在那里吃葡叶鸡肉卷。此时我们就像是离群的鸟儿，塞特曾经步行、骑驴，甚至用各种方法走遍了意大利，他一直跟我们断言他清楚地记得餐馆的位置。他查找了很多的地图，最终餐馆依然没有找到。

"托切（他这么叫米西亚），我们走错了，应该向右转，回去吧！"

我们又一次迷路了。最终我们买了一只猪，用车载到路边上烤。

他的错误却使他高兴起来。意外总令他陶醉。塞特此时非常清醒，一点没醉，身边又只是两个吃得很少的女人，但是出于天生的奢华，他还是点了许多名贵的酒，摆在桌子上的各种佳肴使桌面看起来就像是维罗纳或帕尔玛城的画卷。塞特从他的衣兜里掏出几张揉皱的千元纸币。他带着大钞做什么呢？对于我来说，这一直是个谜，我从未见他用过这张钞票。完全没法付账：

"这顿饭我请，少姐！"他胡子底下传出的法语在西班牙式发音的作用下模糊得实在无法理解。

"您不要再点东西了，我不能再吃了，先生。"

"您可以不呲，但是我要再点三份酸樱桃酒配意式蛋黄酱，少姐！不管您是不是要呲！"

塞特什么都知道，乔瓦尼·安东尼奥的全部画作、安多奈罗·达·美西纳的路线、圣徒行传、丢勒在十四岁时所雕刻的作品，用中国宣纸装裱的"一百银盾"[1]在拍卖希伯特藏品时卖到了什么价位,他还知道什么是贴画和裱画,知道阿尼巴·卡拉齐用的是哪一种清漆,他可以花上几个小时的时间去论述丁托列托对茜红清漆的用法。

所有他迷恋的东西他都会预先付款,怕我抢先买去。他的车里装满了手提箱、画布、瓷器、橙子、十八世纪意大利插图作品,还有微型的马槽模型。

我曾经和塞特及其先后的两位夫人一起旅行(开始是米西亚,他们离婚之后,又是鲁西·姆季瓦尼),两位夫人的性格迥异,但是荷荷或是麦迪(第二位夫人给他的猴子般的昵称)却一直是一个无可比拟的好伙伴。塞特不是一个小气的男人,他对流言蜚语毫无兴趣。他活着只是为了展现他那巨大的、壮观的、粗犷的洛可可式的作品所不能完全表达出的一种品格。他对庞然大物情有独钟。几公里的巨幅画面,用一支巧妙而轻浮的画笔便能入侵的广阔宫殿;他非常渴望有人向他订货,也极擅长赢得顾客,他会不厌其烦地返工,就像在维什,一幅总不能让他满意的教堂装饰画,他足足重做了三次。他以饕餮一般的方式投入生活,然而其中又不乏文雅的体现。

我们到达罗马时已经极度疲劳。而我们还需在月光下参观这

---

[1] 伦勃朗名作,以耶稣传道为主题的蚀刻版画,因伦勃朗在世时卖出了100个荷兰盾的高价而获此别名。

座城市,直到我们筋疲力尽。在古竞技场,他想起有关托马斯·德昆西[1]的记忆。他讲起了很多有关建筑的精彩话题,他甚至还说我们可以在这些废墟上举行晚宴。

"我看见过一种装饰,用的是金色的气球,少姐,那是在空中的轻盈的东西,与建筑的精确严谨恰好形成反差……建筑是城市

---

[1] 英国散文家,文学批评家。

的骨架。少姐,骨架就是一切,一张没有骨架的面孔是无法存在的:那样的话,少姐,您会变成一个僵尸美人……"

塞特是一个巨大的矮人,他的驼背就像是一个神奇的背篓,里面装满了金子与垃圾;他还是一个品味极差的人,却具有出色的判断力;他很可贵,又令人乏味;他既是钻石又是粪土,既有善意又充满邪恶(科克多肯定地指责他切断过鹳的长喙);他的态度往往既有赞成又有反对(科克多还常说"塞特是,塞特否")。他的优缺点简直数不胜数。我还记得曾经和塞特一起做过"如果中了六合彩你会买什么"的游戏,塞特对"不可能"有着无限的钟爱,他说:

"我会向塞特订购一件……小型作品。"

与塞特先生谈及他的画作也是不可能的。那些巨大的脚手架,助手们的艰苦劳作(因为他本人对忠于画稿是如此坚持),无尽堆砌的金色和银色也无法掩饰根本性的贫乏,那些醋栗果酱色的瀑布,那些虚胖的肌肉、疯狂而装腔作势的人物、混乱的形状,这一切都使我惊讶万分,以至于已到了嘴边的赞扬又咽了回去。

"我觉得你讨厌这些,但愿他没有觉察到这一点,"米西亚对我说。

"少姐,毕加索不懂绘画……别喝奥维多,那酒只值三英镑……把它放一边,来尝尝1893年的伊干庄,藏藏仄种汁液,仄个香味！伊干的领主们（蒙田是他们的祖先）1785年把葡萄园卖给了德·吕尔-萨吕斯侯爵（他们的祖先是温柔的格蕾西莉迪斯的丈夫，魔鬼曾引诱过这个女人）。谈起魔鬼，我给您看看雷奥纳多·达皮斯托亚的撒旦，那是个女撒旦，少姐；阿里亚诺的主教迪奥尔奈德·卡拉法让这位艺术家按照撒旦的形象勾勒出他情妇的样子……"

他的博学就是这样引出了无穷无尽的话题。

无论是谁当政，加泰罗尼亚人与马德里政府总是关系紧张。而加泰罗尼亚人塞特却正相反，他总是能够和政府当局相处融洽，任何时候都是如此。他开着外交使团的车，他的房子时而是西班牙共和国旗帜的颜色，时而又是嫩黄与金色，他懂得怎样调和对比，调和昆诺斯与莱克里卡[1]的风格。他曾为维克斯公司做过装饰，也曾用他的作品装饰埃森市政委员会的大厅，罗斯柴尔德家族资助过他，德国人为他的工作室供暖；教皇派失势了，保皇党倒台了，唯有艺术永存。塞特还钟爱大房子……所有意义上的"大"：萨松家族、里彭夫人[2]、萨克斯顿·诺布尔家族、一战后的国联组织、福西耶·马尼昂家族、纽波特的大别墅、棕榈滩的豪宅都没能为他闪着金光的创造天分提供足够的空间。

---

1 当时西班牙流亡政府的两位领导人物（英文原注）。
2 艺术资助人。

(塞尔吉·迪亚吉列夫)

米 西 亚

"别再看什么波提切利,什么达·芬奇了,这些画真讨厌,简直是垃圾!"米西亚对我说。"我们去买珊瑚回来做盆栽……"

提到塞特的人总会说起米西亚。

我只有她这样一个女性朋友(我对她的感情远远超过了友谊)。因此我必须说明我对她的看法,以及对我来说,她意味着什么,代表着什么。我在最伤心的时候遇见了她。别人的忧伤总能吸引她,就像花蜜吸引蜜蜂一样。

我们只因为别人的缺点才会去喜欢别人:米西亚给了我不计其数的理由让我喜欢她。米西亚只愿意对她不懂的东西下功夫,然而她几乎是无所不知的。我呢,对她而言,我一直是一个谜,也因此我们之间有种牢不可破的友谊。尽管有时意见分歧到像是要决裂,但我们总能和好如初。她是一个鲜有的人物,她只知道如何取悦女人和艺术家们。米西亚之于巴黎,就如同Kali黑地母神之于印度诸神。她既毁灭神,也创造神。她杀戮众生,散播细菌,而自己却浑然不知。作曲家萨蒂说她是"赶尽杀绝之母",科克多叫她"非法堕胎婆"。这些说法并不公平。米西亚固然不从事创作,但在某些幽暗的时刻,她一贯的亲切宽容之举,像萤火虫般以微光烛照了四周的黑暗。

不可否认她是不明白这份破坏力的。但是那种亚洲式的对毁灭的兴趣和灾难之后在废墟中心安理得地睡去的本领,在这个波兰女人的身上清晰可见。

米西亚对分寸感一无所知。"法兰西理性"和"平缓山坡的青绿线条"一样,对于草原上的游牧民族来说是毫无意义的。

她有着强烈的成功欲望,同样她对失败也有着深刻的甚至是亵渎的激情。为了她所讨厌的自己,也为了她帮助的那些男人,她时刻准备运用自己的战略技巧和广告策略。

米西亚喜欢我。里法对我说,"你想想,她为任何人都不肯做的事情,却肯为你做。"确实如此。她强烈地渴望得到我的友爱。我对她的感情来源于非常宽容的心灵深处,却混杂着一种恶魔般的快乐,即诋毁她所做的一切。不细心的人会说"她很聪明",然而如果她真的曾经聪明过,我便不会喜欢她。对于"很聪明"的女人来说,我是不够聪明的。米西亚对我说,"我们享有'聪明'的虚名。"

(1921年的米西亚·塞特)

从十五岁开始,米西亚便烫卷头发、挽起衬衣,在瓦尔文为图卢兹·劳特累克、雷诺阿、维亚尔和波纳尔画中的妓女形象作模特,一直到毕加索、斯特拉文斯基和迪亚吉列夫时期。从那时起,她与最杰出的艺术家们一起生活了五十年,但是她依然没有任何文化。她从来没有读过任何书。

"把这本书拿去看吧,米西亚。"

"为什么呢?我一直不明白你怎么会找到时间阅读。"

她甚至连自己的信也不肯读。那个时代所有杰出的艺术家都曾受她影响,但是她最终失去了他们。因为他们是创造者,而她剥夺了他们的氧气(她再去看他们,只是为了防止我去)。她想要他们没有灵魂,没有才华,只为她一个人存在,就像她那些没有叶子的盆栽。

某天米西亚在拜罗伊特看瓦格纳的歌剧《帕西法尔》时抱怨道:"啊！怎么会这么长！"

她旁边的德国人恼怒地转过头说:

"您确信不是因为您自己太短了吗,夫人？"

米西亚是一个心理上残废的人。她在友谊方面患了斜视,在爱情方面则一直跛行。因为她有足够的聪明可以忍受这些,这种残缺反而使她变得可爱。她渴望着伟大,她喜欢与之接触,亲近它,征服它,而后把它重新变得微小。艺术中的崇高以及与之相伴的灵魂深处的平和为米西亚带来了荣耀。米西亚就是兴趣本身。如果说她还有什么兴趣,那就是说"不"。

这个永恒的"不",是一种不可思议的怒火的自然结果。它使米西亚的四周满是毫无价值的东西、丑陋的小摆设和一些暧昧不明的人物,这些人物甚至在性取向方面也不甚明确。她只喜欢珠灰色,或许是出于对泥沙的怀念。她的奢华恰好是奢华的反面。米西亚就像是一个跳蚤市场。

那么她对我的兴趣又是怎样的呢？我一直说她对我有兴趣是因为她总是不能毁灭我,也就是说她总是不能向我证明她的爱。"她喜欢您,少姐,"塞特说,"因为她不能总是在您身边。"她从来没有发现过我的弱点,然而这种弱点是一直存在的。半个世纪以来,小虫一直在水果上面徘徊,却从未钻进果肉里面。荒原没能够战胜法国的外省。希特勒曾对赖伐尔说:"总统先生,波兰所缺少的,正是一个中央高原。"

米西亚非常虔诚地相信她是爱我的。那是一种爱的怨恨。见到我会使她变得不幸,而如果不见我则会令她死亡。我的友谊使她疯狂,而这种荒唐的错乱给她的生命中平添了一种不可替代的滋味。她使我和毕加索失和的时候,说:"我把你从他那里拯救了出来。"

爱德华·维亚尔爱过她之后又变得非常讨厌她。他想给我画肖像,米西亚便与他和好,只是为了打消他这个念头。米西亚就像是一只圣伯纳犬,它把你拉到了岸边,却任你的头沉在水里。米西亚有许多鬼主意——包含这个词的贬义和中性两层含义。

她想尽一切办法进行算计,但是她虽然懂得减法和除法,却不会做加法。

她花上几个月、几年的时间设计陷阱,而总是在最后一刻指定它意想不到的性质。

她总是厚颜无耻,对诚实没有任何概念,但是她身上体现出的一种伟大、一种纯洁超越了我们平常在女人身上所见到的一切(但愿人们此时不要嘲笑我的冷酷:正是因为这一切,我才喜欢她)。蠢话使我害怕,而米西亚却喜欢蠢话,她把蠢话当做一种糟糕的调味品。在感情方面,爱德华和塞特对她来说就像是蠢话在社会领域所扮演的角色:有意识的蠢话,事先考虑过、仔细品味过的蠢话。对于米西亚这种缺乏个性的女人来说,这些兴奋剂是必要的。真正的犹太人总是懂得保持犹太人的灵魂。

在女人身上我们可以看到一切。而在米西亚身上我们可以看到一切的女人。她没有自己的生活,她依靠别人而活。她是心灵的寄生虫。她的温柔是原子式的,那是情感原子分裂的结果。如果我在什么地方感到无聊,特别是如果我在什么地方感到开心,米西亚便会对我说:

"我受不了啦!到我家里来吧,我们一起消遣。"

一旦到了车里,她又说:

"幸亏我们出门了,否则我要爆炸了!"

她是一流的诱骗者,因此她很快便使我忘记了我们刚刚离开的地方。她现在又活跃起来,她开始变得极为出色,她身上所有的优点仿佛都在熠熠生辉。

米西亚所有品质中最为重要的一点是她从不会使人烦恼,虽然她自己常常感到烦恼。

我的一切都会转移她的注意力。为了给她排遣,也为了激起她的好奇,我杜撰了很多虚假的爱情故事和想象的激情。对这些她总是信以为真。

在停泊于的里雅斯特港湾的小艇上,我们正在谈心。

"我要回到威尼斯去,亲爱的米西亚,因为我正忍受着痛苦的折磨。我疯狂地迷恋上了一个恨我的男人。"

"痛苦"这个词使米西亚异常兴奋。

"我曾一直相信你从未忍受过痛苦!你为什么不早点把这些告诉我?"

当我跟她摊牌的时候,当我喊出"愚人节快乐"的时候,当我跟她说"亲爱的,你真傻,这是我杜撰的小说"的时候,米西亚总是万分失望。

几天之后,在威尼斯我几乎因伤寒丧命,盛怒之下的米西亚却根本不来探望我的病情。

还有一次:

"米西亚,如果你发誓不对别人说的话,我就告诉你一个秘密。"

"说呀!说呀!"

"我……我要嫁给威尔士王子了!但是不许泄密!"

"我……我要跟你呆在一起,如果我离开了你,我就会和盘托出!"

米西亚既不善良也不邪恶,这是人性的一大弱点,但同样也是一种自然的力量。她一出现就会使人诋毁他人。人们离开她家的时候总是忧心忡忡,为自己所说过的话感到遗憾。她是慷慨的:条件是你正在忍受痛苦,她很乐于付出一切——付出一切以使你更加痛苦。

米西亚一旦说了别人坏话或是做了什么对不起别人的事情,便会心惊胆战。她会提前到受害者的家里,慷慨地赠与他无限的温柔,跟他解释一切都是出于他的利益,她才做出了先前的事情。如果我发现她一大早就到我这里来,我便会这样迎接她:

"你昨天又说了我什么坏话?"

我有时或许会咬伤我的朋友,米西亚却会将他们一口吞下!

米西亚即便在讲真话的时候,也会找到一种有趣的方式。我讨厌问别人问题,米西亚提问时的厚颜无耻让我很是羡慕。

米西亚的悲剧在于,她使别人错过了一切之后,自己也错过了一切。但是她所毁灭的,只是那些发育不全的事物。因此所有的伟人,正是因为他们的伟大,都逃过了米西亚这一劫。她所留下的,只是她所毁坏的一切,也就是什么也没有。对于维尔迪兰斯卡[1]夫人来说,她所能做的,只是在布洛先生惊奇的目光下把自己的生活渲染成小说。

米西亚没能够腐蚀某些坚不可催的法国灵魂。我的姑姑阿德里安娜·德·内克松住在我的附近。一次她来看我的时候对我说:

"我和你的波兰女友喝了茶。"

"我的波兰女友?"

"是的。那位夫人从早上开始就穿着缎面的鞋子……我不喜欢她。她总是巧妙地套问我。我回答她说:'夫人,您把我当做情报机构吗?'……你的朋友真是滑稽……你怎么会喜欢这样没有教养的外国人呢?"

---

[1] 维尔迪兰夫人,《追忆似水年华》中的主要人物,沙龙女主人。此处指米西亚。

重返巴黎

几个月令人陶醉的自由之后(我已经几年没有度假了),我又回到了巴黎,在丽兹酒店安顿了下来。我在那里住了六年。

我重新过起了独裁者的生活:成功而孤独。我被假期消磨得筋疲力尽。只有工作才能使我得到休息,没有任何事情比无所事事更让我疲惫。我越是工作便越想工作。

我不能接受任何人的指挥,除非是在恋爱中。而且……我不在的时候没有发生任何的改变。在其他的公司里,有五十个正副领导,而在我的公司里,只有一位"小姐"。我离开后,只留下了众多哀伤的女人。我非常尊重别人的自由,同样也希望别人尊重我的自由。然而自由是一件使人恐慌的礼物,我不仅仅在说她们的自由,也是在说您的自由。

我开始为一个新社会工作。直至那时,我们一直在为无用的、无所事事的女人们缝制衣服。那些女人需要侍女为她们穿上长筒袜；而从那以后，我的顾客中开始出现了一些职业女性。职业女性便需要一件使她感到舒服自在的裙子。袖子必须能够卷起。美并不是矫饰：为什么那么多的母亲只教女儿们撒娇，而不告诉她们什么是美呢？确实，美不可能瞬间学会，但是通过很多经验我们了解了什么是美之后，却发现美已经不再了！这是女性悲剧的一面，当然还有很多其他的方面，小说家和"关心女人内心"的人们都彻底地忽略了这些。

（但愿世人原谅我：要有足够的勇气才能不去看那些美若天仙的女人，而说出这样的话也同样需要足够的勇气！）

一个男人总会随着年龄的增长而变得更有韵味，而与此同时他的伴侣则会变得人老珠黄。一张成熟男人的面孔比少年的面孔更加迷人。年龄是亚当的魅力，却是夏娃的悲剧。

女人老了就会变得很糟。看下面这个女人，她抬着腿，在海滨阳伞旁刺眼的阳光下做运动。

我们会说："她确实有点丑。"
然而有人会告诉你：
"那是我的祖母。"

(做体育锻炼的女人)

femme faisant sa culture physique

上了年纪的女人对自己的关心会日益增加。而出于一种恶魔般的效果和一种内在的公正，在意自己的人总是老得最快。我同情那些到专家处进行休养的女人们。专家们坐在光滑的沙发椅上，并且要这样在黑暗之中一连坐上几个小时。最为顽固的皱纹是利己主义者的皱纹，那是用凿子刻在皮肤上的，无论怎样都不可能抚平。我们谈起她们时会恭维她们："她真是天使。"这只是徒劳，天使也会变老。(我们还会再谈到"天使"们。)轻轻拍打下垂的肉也毫无用处，不如按摩一下精神。

确实,当今的女性已经年轻了二十岁,当然她们依然精力充沛,依然永远都不会死去,但是自然总会战胜她们的努力。

"昨晚波利娜真美!"人们依然出于习惯而这样谈论着。没有任何人敢这样说,或是敢这样想:

"不,她已经又老又丑。"

芳华易逝而隽美永存。然而没有任何女人希望自己隽美,她们只希望自己漂亮,再漂亮。

我们每个人内心深处都有一个孩子,却没有人注意到他。为自己悲伤,也就是在得意地为那个孩子摇着摇篮。而真正的秘诀在于将外在的美转化为内在的美。这是众多女人都参不透的一套把戏。

如果她们仍然失望,那么她们便获得了拯救。但她们却总是那么相信自己!

失望的女人是不存在的。

"我只是有那么一点点胖……"

"我还没有胖到那个地步……"

年轻人在她们不真实的安全感中鼓励着她们。那是天鹅的绝唱。年轻人的赞颂是迷人的,条件是你必须能够经受得住。接受这些赞颂的话,后果严重。

此外，年轻或是年老都不重要，重要的是站在好的一面还是坏的一面。对于我来说，我称之为优美或拙劣的画面。这是原始的、官能的、不可回避的。如果没有人刻意去教，那么也没有人会变得独特和引人注目。处处都有优美的画面，在火车上，在移民队伍里，但是我们需要懂得去欣赏、去解读。使女人们迷失的，是她们已经知道的东西；而使最漂亮的女人们迷失的，是她们不但知道自己是最漂亮的，而且学会了怎样变得漂亮。

人们总是谈起身体的保养，但是精神的保养在哪里呢？美容应该从心与灵魂开始。若非如此，化妆品便没有任何作用。

精神态度、迷人的出场的艺术、品味、直觉、生命存在的内在意义，这一切都是无法学到的。我们很小的时候便已经被彻底塑造成型。教育没有改变任何东西。教师是毫无用处的。教师可以塑造人，但是他们更多的是使人（尤其是女人）迷失。这时我们永远都可以用到克里蒙梭评价普恩加莱[1]的话："他什么都知道却什么都不懂，"而评价白里安[2]的话则恰好相反："他什么都不知道却什么都懂。"

另一条公理：聪明的女人是存在的，但是时装店里的聪明女

---

[1] 法国政治家。
[2] 法国政治家，曾获诺贝尔和平奖。

人却是不存在的(也不存在道德高尚的女人,她们为一条裙子可以出卖灵魂)。

对于年老的妇人来说,镜子是不存在的,她们用自负取代了镜子。确实,上了五十岁,一切都变得困难起来。一位头发灰白的聪明女士对我说:

"我放弃了寻欢作乐的生活。给我做一件衣服,让我一直能穿到死。"

"这是不可能的,"我对她说,"年长的女人应该顺应时尚,只有年轻的女人才可以有自己的风格。"

女人们应该在我们的时代里老去,而非与她们的时代一起老去。有人对她们说:"买这件吧。"(这句话的意思是:"穿上这件黑裙子,你会显得风韵犹存。")但是她们不会听从这样的意见……老女人的悲剧在于,她总是会想起二十岁时很适合她穿的天蓝色。

"给我做一件老妇人穿的衣服,"埃莱娜·莫朗对我说。

"不再有老妇人了,"我回答她。

在沙龙里我们看到的女人是她们所应该呈现的样子,而在试衣间里我们看到的女人则是她们本来的面目。

"多拉,黛西,多罗泰阿,迪亚娜,她们像是天使!"熟悉她们的人会这样说。

天使把她的裙子退了回来。她曾穿着这条裙子出席某个晚宴,并受到所有人的瞩目。天使把裙子退回来的时候说,她原本定做的是一件红色天鹅绒的披风,而后来实际定做的却是黑色天鹅绒的披风,订单上写得清清楚楚,底下还有她的签名。

天使陪着一位夫人来到试衣间:

"这件白色天鹅绒的裙子很漂亮,但它不是你该穿的类型……"

"我曾经定做了一条这样的裙子去参加罗斯柴尔德的晚宴。"

"相信我,还是到勒隆店里去看看。你会变成另一个女人。"

(多么诱人的话!)

天使的朋友央求我们接受退货。第二天,天使出现了。她朋友的裙子让她彻夜难眠。

"昨天你们店里还在订货中的那件白色天鹅绒的裙子,我要买下它,但是要给我半价,打个折。可以吗?"

天使总是说:"可以吗?"

有时候天使在购置了让她大出风头的新衣之后,又出现在了时装发布会现场。她对其他顾客们耳语道:

"亲爱的,在你看完了莫利纽克斯的整个系列之前,别作出任何决定。"

天使这一角色在科克多和吉罗杜的作品中是非常常见的。我之所以了解这种浪漫主义的最新反映,是因为我从售货小姐那里听说了很多故事。我们店里的售货小姐通常都是以前的模特,她们热爱她们的职业,对职业的熟悉程度令人赞赏。她们是最忠实的心腹(女人总是担心她的侍女会敲诈勒索,然而却会完全信任售货小姐)。售货小姐总是得天独厚地能够听到天使的忏悔。

"我应该离开他吗?"

"他爱我吗?"

"薇拉会认为他怎么样呢?这是一件好事吗?"(以及很多其他的粗俗或是神圣的话题……)

当她们跟售货小姐讲述她们的一生时(所有的女人都像看门人一样多嘴多舌),售货小姐便没法卖东西,替顾客试样的服务小姐已经不耐烦了,在六层有三名裁缝师在等着她。但是天使只考虑自己。天使并不懂得时间宝贵。天使有一件很适合她穿的裙子,但是在某次午餐会中为了引起话题,她还是说:

"我应该去香奈儿店里看看。"

她又回来试衣,一次,两次,三次,徒劳无益。出于一种虐待狂的心理,天使会阻止售货小姐到另一层楼去工作,让她一整天都无事可做——而售货小姐的工作则应该是去卖衣服以收取佣金。

关于试衣间里的故事我先搁置一下。

我觉得自己似乎把时装业提升到了某种高度。我说这些话的目的只是说说,而非论人短长。

我一直认为,要想了解什么是女人,就必须做过与女人相关的生意。天使是一个无所顾忌的人,是一个不折不扣的妖妇。

天使并不在意是否讨人喜欢,她只考虑到钱。有些天使把我当做商人,总是问我有关证券交易的内部消息。我回答她们道:"我不是哈瑙夫人。"1914年前最美的女人玛尔特·勒泰利耶,每天只想着证券交易所。J侯爵夫人所需的并不是宫廷里的一个位子,而是圣法罗银行窃听器前的一把椅子。这就是一个天使。她周围的人都会同意上述一切。然而天使从来不会付现款(在我们这一行业里,付现金即在季末付款)。天使要用虚无的钱付款。

天使变成了寡妇(因为天使只有一种性别),她穿着黑纱主持一次盛宴:

"他不喜欢我这样惆怅……"

或是

"过来吃晚饭吧,我们谈谈他……"

神学家天使:

"我的宗教让我不能哭泣。"

男人有着某种天真,但是女人却丝毫没有。至于天使,它无所不能。天使知道没人能杀害它,因为它是永生的;它也知道没人能把它投入监狱,因为它有翅膀。

上流社会只向时装店的包装盒敞开大门(玛丽·安托瓦内特时期与欧仁妮皇后时期是少有的例外),却不会接待女裁缝们。上次大战结束之后我说了上面这句话,因为所有巴黎人都知道我深受欢迎。我深受欢迎,人们却不容易见到我,因为我依然从不在晚上出门。我所出席的晚宴和招待会屈指可数。十年之后,我的很多同行已经跻身上流社会。再过十年,时装沙龙几乎已经不复存在:此时只有沙龙式的时装店,而所有人都趋之若鹜地去参加迪奥的舞会或巴杜的鸡尾酒会。

我设计的裙子会出现在某些房子里,我需要知道那些房子里所发生的一切。因为我自己很少出门,所以我便养成了一个前所未有的习惯,雇用有身份的人来维持我与世界、内部与外部之间的联系。社交界的英国女人和俄国、意大利或法国的贵族都到康朋街来谋职。有人曾说我是一个反对秩序的人,因为我贬低那些出身高贵的人,让他们听从我的指挥,并以此使自己得到一种恶毒的快乐。类似这种蠢话还有很多。

俄罗斯芭蕾舞团使很多法国舞蹈演员丢掉了饭碗。1917年10月,俄国上下一片混乱,巴黎到处都是俄国的流亡者。他们鼓起勇气开始工作,就像1793年后法国的流亡者在伦敦和彼得堡的境遇一样。我雇用了其中的某些人。那些王族总是令我心生怜悯。他们工作的时候,他们的职业便是最让人伤心的职业,而他们若是不工作情况便会更糟。从另一方面来讲,俄国人让我着迷。所有的奥弗涅人心中都有一个尚未了解的东方:俄国人为我展现了东方色彩。

有人说,"每个女人都应该在其一生中经历过一个罗马尼亚男人。"而我补充道:"每个欧洲人都应曾臣服于'斯拉夫的魅力'以了解这种魅力到底是什么。"我对此万分迷恋。他们那种"你的就是我的"的思想让我兴奋。所有的斯拉夫人都高贵而自然,即使最卑微的斯拉夫人也有着其不同之处。

费奥多罗芙娜[1]来到康朋街工作。有一天我发现她在痛哭流涕。她抽泣着向我解释道,她欠了很多的钱,为了偿清债务,她必须委身于一个丑八怪———一个卷头发、厚嘴唇的石油巨头。而在负债和失身这两种不名誉的事情中,她选择了前者。

"你需要多少钱?"

"三万法郎。"

"为了三万法郎去跟别人上床,代价太昂贵了。但是花三万法郎就能免于委身,这个价钱很便宜。钱在这儿,我借给你。"(我用"借"这个词时没有抱任何的幻想,人们不会借钱给俄国人。但是

---

[1] 流亡巴黎的俄国贵族。

给予总是会带来不幸。如果说小礼物能够维持友谊,那么贵重的礼物却总是会损坏友谊。)

几天后,费奥多罗芙娜邀请我到她家。灯光迷离,地板上放着淡紫色的灯罩、巴拉莱卡琴,鱼子酱放在一大块冰里,长颈瓶里装满伏特加。在场的还有几个茨冈人。总之,那是一个俄国人喜欢到处重温的群岛之夜。想到我的朋友逃脱了高加索怪物的魔爪,我便非常开心。但是看到这个夜晚的奢华,我又不禁怀疑我的资助是否尽到应有的职责。

"你还了那三万法郎了吗?"

"你想怎么样啊……我这么伤心……我想先消遣一下……三万法郎还在我这儿……我买鱼子酱用的是……"

我再也没有见过那三万法郎,但是我很快便看到费奥多罗芙娜陪在她所钟爱的那个石油巨头旁边,并且很快她又为一个更加畸形的捷克人离开了石油巨头。

(1912年的俄罗斯芭蕾舞团)

(塞尔吉·迪亚吉列夫) Sergei Diaghilew

迪亚吉列夫

米西亚没有离开过塞尔吉·迪亚吉列夫,他们之间的感情是私密的、鄙俗的、温柔的、布满了圈套的。塞尔吉在其中发现了他的快乐、他的朋友圈、他的舒适生活以及他的必需,而米西亚在其中找到了医治她苦恼的唯一解药。在迪亚吉列夫面前,她永远都不会发脾气(米西亚那著名的脾气)。

从我认识塞尔吉的那天,到我亲手阖上他的眼帘之时,我从未见他休息过。

"我如果重演《彼得鲁什卡》便可以赚得百万千万,我也能通过《天方夜谭》维持生计,就像其他人靠《奇迹》或《蝙蝠》谋生,但是我更在意自己的快乐。"

他讲话的时候还用他戴着沉重的戒指的手去确认一下他的大号黑珍珠是否还原封不动地留在珠灰色的领带上。芭蕾舞表演结束后,他到我家来吃夜宵。他总是不脱下那件用西伯利亚动物毛皮做内衬的毛皮大衣,大衣胸前装饰着肋形饰条,科克多常常用漫画的手法描绘他的这一形象。还没有摘下他的白手套的时候,他便伸手去拿巧克力。而后他抵挡不住诱惑,把整盒巧克力吃光,一边吃一边晃动自己的胖脸和沉重的下巴,最后他又不舒服,整晚地聊个不停。

对于欧洲的天才们来说,他是一个杰出的伯乐;对于舞蹈、音乐和绘画领域来说,他是一个巴尔扎克式的多产供应者。而这些艺术领域至今一直忽视了这一位有着一绺白发的红娘,为西方带来了东方情调。在西班牙,他发现了法拉;在圣彼得堡,他发现了里姆斯基小学的一名年轻学生,名叫斯特拉文斯基;在阿尔格耶,他发现了萨蒂。

他是一位最有魅力的朋友。我喜欢他生活的匆忙、他的激情和他的邂逅,这些与他那奢华的传奇相去甚远。他一连几天废寝忘食地排练,仿佛住在剧院的观众席里,他会为排演一场绝美的演出而破产。他将最好的画家介绍给最优秀的音乐家们。为了附庸风雅,很多法国人都准备好去看一场《一千零一夜》,而迪亚吉列夫告诉他们,在街角会有陌生的巫师,杜卡斯、施密特、拉威尔、毕加索、德兰。他将聚居在蒙帕纳斯的艺术家的辩论向公众公开,引起他们的兴趣,化为实际的创作。他固执、宽容、吝啬,却会突然挥霍起来,他从不会事先知道自己要做什么。他会没有任何原因地买下天价的画作,而后又转送别人或任人盗走;他以文艺事业资助者的身份周游欧洲,身上却一文不名,甚至裤子都要用安全别针固定。某天晚上,在威尼斯,他在两根立柱之间给我们讲起了他的童年,讲起了好友班诺瓦、圣彼得堡美术学院,他的父亲迪亚吉列夫将军,讲起了他来到巴黎的情况,他在那个英雄时代里介绍圣像,演出俄国传统音乐。

"穆索尔斯基……"米西亚说(脾气又发作了)。

"当然,不是普罗科菲耶夫!"必须循序渐进。

我又看到了他那毛茸茸的小猫样的贪吃相,他笑起来时张开的厚嘴唇,他下垂的脸颊,他单片眼镜下面令人愉快的又充满了讽刺意味的眼睛,而他单片眼镜上的黑色饰带还飘在风里。

俄国缓步前进着。1910年充满了古典和美妙的气息。《玫瑰花魂》、《林中仙子》上演。而后尼金斯基推开了我们如宫闱一样的大门。巴黎的墙上贴满了科克多签名的玫瑰色或淡紫色的海报,这些海报代表了他们前进的每一个阶段。整个大地都在斯特拉文斯基的弓箭手的节拍下颤抖。人们在揣测着是谁将登场……在沙特莱剧院的走廊里,年轻贵族和新生的司汤达们懒洋洋地歇息。吉罗杜当时戴着单片眼镜,小心翼翼地护着一根巴尔扎克先生式的手杖,还有孪生兄弟般的埃米尔·亨利奥和沃多瓦耶·亨利奥,打扮成了奥塞骑士的样子;莫里亚克十指交握,身穿由德·波蒙伯爵

(遇见可可·香奈儿时,科克多依然年轻)

创建的陆军救护队的蓝色制服。年轻的莫里亚克来自波尔多,此刻他正因巴黎人科克多的成功而彻夜难眠,因为任何荣誉都不能减轻他出身外省的情结。所有这些人都在为本质的颜色与和谐的音符而兴奋不已。而迪亚吉列夫则自顾自做着自己的事业。他的事业,也就是在无形之中使人接受俄国、肯定他对俄国的信仰。他如一个土耳其的专制君主,身后跟着众多为其成功所折服的俊俏奴隶。

迪亚吉列夫是一个出色的杂技演员,他能让有天分的人发光发热,他娱乐大众的才华无人能及。虽然他为法国引进了原汁原味的俄罗斯皇家剧院芭蕾舞,但是他的成功却只受到了行家的赏识。(何况他或许只是在巴黎重现了昔日圣彼得堡从巴黎借鉴的一切。)但是他做得很出色,他为外国人杜撰了一个俄国,并且外国人很自然地相信了他。(圣彼得堡在十年之后才看到曾在巴黎演出的《彼特鲁什卡》和《天方夜谭》。)一切都不过是戏剧中骗人的东西,因此其中需要有虚假的观点:俄罗斯芭蕾舞团中所展现的巴黎在剧院取得了成功,正是因为它是根据假想的资料建立起来的。

当迪亚吉列夫把这个矿藏挖尽的时候,他便在1918年以崭新的面貌示人。他在舞蹈中引入了幽默成分(马歇尼编舞的《好脾气的女人》,以及在《游行》之后与毕加索合作的《普尔钦奈拉》)。五年后他的事业进入了第二春,六人组都在为他服务,后世的人们也更清楚他曾创作过《牝鹿》、《无奈》和《水手》,而不甚了解他的《林中仙子》或《玫瑰花魂》,也不知道艾提安·德·波蒙伯爵曾受到他的启示而在瑞典创作了《巴黎之夜》。

迪亚吉列夫总是像蝴蝶一样飞来飞去,他轻浮而不专一,然而却是他最先懂得应该着手创作杰出的作品,也是他第一个指出不一定非要随着舞曲围成圆圈跳舞(其实邓肯是这方面的先驱,她曾伴着贝多芬的交响曲起舞),我们可以在毕加索的画上跳舞,也可以根据达达主义的思想或是克洛岱尔的诗歌跳舞。博林曾想在这方面独辟蹊径,然而他却一败涂地。但是迪亚吉列夫,他本人就代表了"品味",却因为其"轻"而从未失足。1913年,他几乎因芭蕾舞剧《春之祭》而引起了一阵骚动,那简直是我们这个时代的《艾尔纳尼》! 在塞尔吉之后,人们把舞蹈的依据又扩展到了黑人雕像、未来主义的工厂废墟、博物馆,并融合了委拉斯凯兹、柏辽兹、巴赫、亨德尔、莎士比亚、保罗·瓦莱里的作品。我知道人们对他的各种指责,人们说他只是对舞蹈进行外部加工,说他使舞蹈从属于其他的艺术,等等。但我们仍然不能否认这样一个事实:迪亚吉列夫统领着他的时代,而这个时代也是尼金斯基、马歇尼、里法、帕芙洛娃、萨哈罗夫与阿根廷的时代,是歌舞晚会复兴的时代,是黑人舞步的时代,是韵律舞以及造型节奏的时代,这个时代或许也是舞蹈所经历过的最为辉煌的时期。

我再见到他时他依然充满活力,他活得多么与众不同啊——他在乐谱上跳舞。他从里面把乐谱剪开,不管那些是不是舞曲。他以鉴赏者的眼光从中选择出优美的旋律。他以不可能的方式获得成功。豪赌之后,他宣布破产。他把他那绺白发拔了下来。他跑到埃德蒙亲王夫人[1]那里,而后又跑到莫德·库纳尔[2]面前,他向她解释说,他当晚便需要一千英镑,他说债主们控制了剧院,当晚剧院没法开幕,他绞着双手,糖尿病使他额头上浸满了汗水。

"我去了亲王夫人家。她给了我七万五千法郎!"

"她是美国的贵妇,我只是一个法国的裁缝。给你二十万吧。"我对他说。

他把钱装进口袋,第二天又重新投入到他的冒险之中。他被

---

[1] 巴黎上流社会沙龙女主人,定期举办沙龙音乐会。
[2] 巴黎上流社会沙龙女主人。

那些既残忍又空洞的情感剧所折磨,最终不知去向。而后,他又和一位新的音乐家一起带着他的第八十部芭蕾舞剧从阴影中——或是从美国——走了出来。

迪亚吉列夫有时候会跟我讲起1914年欧战时他在瑞士的经历。他在洛桑的一间库房里排练,斯特拉文斯基和拉穆兹一起工作,列宁和托洛茨基则在莱蒙湖边等着乘德国的闷罐火车返回俄国。1917年,《游行》上演,革命爆发。沙特莱剧院和普蒂洛夫兵工厂。当我把这些如此相似却互不了解的俄国人聚在一起,我觉得他们融为了一个整体。

一年年过去,他依然相信天才,也依然在寻找着天才,就像一个流浪者在人行道上寻找着烟蒂。

不久前迪亚吉列夫在返回萨尔茨堡的途中死于威尼斯。那时我们都陪伴在他的左右:卡特琳娜·德埃朗热、米西亚、鲍里斯·科施洛、里法。

第二天,长长的一队贡多拉小船离开了威尼斯的主恩东正教教堂,驶向圣米歇尔公墓,公墓里的柏树探出了白墙的粉色墙头。

"芭蕾舞以后会变成什么样子呢?"

"谁能够继承这些呢?"

"没有人。"

如人们所说，我没能够阻止迪亚吉列夫的芭蕾舞之船遇难。1914年以前我没有看过《春之祭》。塞尔吉跟我谈起这部作品时，就像谈起一件轰动的新闻，或是谈起一个重大的历史时刻。我想听他继续说下去，并且给他提供资助。我从不后悔资助过他三十万法郎。

塞尔吉搅动了思想世界、颜色世界、情感世界，同时也在金钱的世界里搅闹了一番：他只留下了一对袖扣，在他入殓之时，里法用自己的袖扣换下了他的。

l'enterrement de Diaghilev
gondole funeraire se dirigeant vers San Michele

(迪亚吉列夫入殓，贡多拉载着棺椁驶向圣米歇尔公墓)

舍维涅夫人

我有一位非常有魅力的忘年之交,阿多姆·德·舍维涅伯爵夫人。我住在圣·奥诺雷街的时候,她住在安茹街,几乎就在我的对面。临近1900年的时候,巴黎所有的社交人物以及优雅的女人们都从另外一个街区络绎不绝地来到安茹街的沙龙。那时候人们在十一点半吃午饭,在下午三点钟出门拜访,而后是俱乐部时间。那时候的先生们进门坐下之后,会把高顶礼帽放在膝盖上。舍维涅夫人戴着棕红色的假发,她嘶哑的声音总会使马塞尔·普鲁斯特陶醉万分。她专制的方式和不容置疑的语气使她仿如圣西门小说中的人物,普鲁斯特笔下的斯万也曾模仿过这一人物。她看上去像是一位青春不再的女演员,或者说,玛格丽特·德瓦尔、莫雷诺、波利娜·卡尔东以及其他所有女演员在扮演荒谬的老妇人角色时,都在通过舍维涅夫人的女婿弗朗西斯·德克鲁瓦塞的描述而尽力模仿她。演员们模仿伯爵夫人,而伯爵夫人又来模仿演员,很快就难以说清谁在模仿谁。

舍维涅夫人是上流社会中第一个敢出言鄙俗的女人。

她的谈话是令人兴奋的,就像是一部编年史、一部回忆录,或是一本杂志的年终特刊……

"我的孩子,现今的女人真是又无知又愚蠢。男人们不再教她们任何东西,甚至连礼仪规范都不教。而我们,我们遇到的那些男人都不需要学习这些风度举止,他们就生在那样的环境里……我所知道的一切,都是通过做爱学来的。应该由情人来教会你这些,而非你的丈夫。我的情人带我去了卢浮宫。我们不能总是……拥吻!我们不能总是只对这些感兴趣……毫无疑问,塞茜尔[1]和我都会有性欲,性欲……但是人们总需要有闲暇时刻,单身也不例外。我说的是还有单身公寓的时候,那时候我们都会戴上面纱到那里去,现在人们在哪里都可以做,随便在什么上面,或是在两道门之间,甚至对仆人也不避讳。你看我的女儿(我的小女儿,啊,我发誓她是舍维涅先生的女儿。我其他的孩子都姓阿多姆。没有一个是私生子!)我的女儿三岁就开始学这些,她现在六十岁却依然一无所知!"

"想知道的话不一定要去学,夫人。就像米西亚去拜访一位大音乐家,但是我从没见她弹过肖邦的四和弦。"

"说到她,那个女人!她喜欢犹太人。而且,我的孩子,米西亚

---

[1] 原文注:J·缪拉公主。

就像住在犹太人聚居区里。你看她中意的那些犹太人和她身后跟着的那些人:塔代·纳坦松[1],伯恩斯坦,爱德华[2],阿尔弗雷德·萨瓦尔[3]……我对犹太人没有偏见,我只是看过很多的例子。简单地说,福尔总统时期的罗斯柴尔德家族不算……在马术俱乐部,只有哈斯[4]是犹太会员,而且他是1871年巴黎公社期间当选的,那天下午没有人去投反对票……"

舍维涅夫人死于战前不久。几年间她都没有再主持沙龙。她的大门只为家人、密友和我敞开。米西亚来看她的时候,她让她进门,但只是为了当面对她说些冷言冷语。

"您什么都懂,居然不懂这个?"

她非常露骨地朝我眨眼睛、吐舌头,在米西亚不注意的时候顽皮地在桌子下面踢我的脚。

"在十九世纪的时候,我们都举止端正。F伯爵喜欢我,至少我这么认为。某次旅行之后,我挽着舍维涅的臂弯去参加一个重要的晚宴。在候见室里,我瞥见客人名单。我看到了F伯爵及其夫人的名字。这个不忠的男人居然结婚都没有告知我。我的脸色变了……但是我马上恢复了过来,我对自己说:'你是洛尔·舍维涅,本

---

[1] 米西亚的第一任丈夫。
[2] 米西亚的第二任丈夫,报业巨子。
[3] 法国剧作家。
[4] 原文注:普鲁斯特笔下斯万的原型。

姓萨德。'"（"萨德！多美的名字……"米西亚叹息道，"要是能本姓萨德，我简直愿意付出一切！"）

"我们是法国人！那些外国人以为什么都能教会我们！我简直受不了俄国人……我曾经在圣彼得堡，住在弗拉基米尔大公夫人府上。那里的人们很有礼貌，非常有礼貌。在俄国，人们对你的招待非常周到，但是没有人重视你。他们会送你镶有钻石的礼物，但是他们会把你当做一件物品一样利用你。而他们的奢华，我在沙皇的夏宫里见到过，真是太美了！"

有时候老仆人奥古斯特会进来。

"又是谁，奥古斯特？"
"是X夫人，伯爵夫人。"
"你不能告诉她我不舒服吗？我正和香奈儿小姐在一起。"
"伯爵夫人，我不能说谎。"
"那么你为什么要做仆人呢？做仆人生来就要懂得说不。"

奥古斯特担心我会使伯爵夫人过度劳累，稍顷又回来。
"伯爵夫人该考虑吃晚饭了。"
"别管我，我正开心呢！这家伙想喂我！他给我端来了浓汤，他以为什么都可以做！我不是老糊涂，他却以为我是！我们刚刚在说

什么？说到米西亚不懂肖邦的三和弦？当然！雷纳尔多是个音乐家！我的孩子，在威尼斯，万塔里斯夫人为他在贡多拉上置了一台钢琴。月光，大运河，他的轻舟在前，所有人都跟在他的后面。还有马德拉索[1]！可可，你听过马德拉索演唱《圣雅克塔》吗？这与雅克·费维耶[2]是两回事！……我跟你说什么……提醒我一下，我不知道我说到哪儿了，都怪这个蠢人奥古斯特……啊，是的，我们在谈现今的年轻女人……这些女人都是荡妇！比荡妇还甚！（在我们那个时代，妓女的举止都很文雅。）你有没有注意到现在的女人都不知道怎么走进沙龙？你想不想让我给你示范一下她们是怎么做的？"

紧接着伯爵夫人跳下了床，模仿起当今女性的入场：半是拘束，半是做作，总是笨拙而且不入流。

"我们那时的步法是完全不同的！你知道怎样才是进场吗？看！"

这样一番剧烈运动之后，舍维涅夫人气喘吁吁地躺下。

"我的孩子，我岔气了，心都要停了……"

我安慰她，不过是因为缺乏运动。她把她那消瘦的、悲剧中的老年小丑一样的脸转向我，现出她那小丑一样的鼻子，从她嘴角下垂的嘴里发出嘶哑沉闷的声音，仿佛是来自地底：

"我的孩子们让我必须离开安茹街。我在这里已经住了四十

---

1 西班牙画家。
2 法国钢琴家。

年。我答应了他们，但是我知道这样会给我带来不幸：人们只有死的时候才会离开家。我会因此而死的。如果我侥幸能平安脱险，你要记得邀请我。但是不要邀请老人们！邀请我和年轻人在一起。若非如此，你就回来看我。我给你讲斯坦迪什夫人（本姓卡尔）和格雷菲勒夫人的故事。她们才是真正的女人！她们知道怎么行屈膝礼。我在福特斯多夫看过有人行屈膝礼，那完全是另一回事……"

"奥古斯特，送小姐回家……你会有很多机会看到我躺在床上的。你看，到了我这个年龄，女人们一旦脱下了胸衣和假发，我的孩子，就永远都不能再穿上了！"

事实上，德·舍维涅夫人衰弱的那一天总会到来。玛丽–泰蕾·德克鲁瓦塞来对我说：

"妈妈病得很重，她以为她是在您家里……"

几天后，我参加了她的葬礼。

毕 加 索

(1920年代的毕加索)

在另一次战争期间，毕加索住在巴黎蒙鲁日。盗贼潜入他家，他们只偷走了衣服却没有注意到他的画。当然今天的衣服比起1915年要贵很多，但是毕加索画作的升值幅度却要远远高于呢绒面料。任何盗贼都不会再弄错了。如拉比什的著作中所说，"画布有价画无价"。

我不知道他是否是天才。说与自己常常来往的某个人是天才是一件困难的事情。但是我相信几个世纪以来，有那么一条看不见的纽带联系着所有的天才们，而他绝对位列其中。

几年过去了，几十年过去了，毕加索总是那么活跃，非常活跃。他所引导的潮流依然没有退去。他既没有被忘记，也没有成为偶像——成为偶像同样也是非常严重的事情。他保持着他的聪明才智、他杂技演员般的反应以及他那巴斯克人的柔韧——从他父亲的方面讲，他是巴斯克人。

我对他一直保持着深厚的友谊，我想他对我也是如此。虽然经过很多风雨，我们之间的友情依然没有改变。二十年里，一切都充满魅力。这其中有很多原因，但首先是因为一切都还不在公众视野之中，因为出没在蒙鲁日的盗贼不知道毕加索是谁，还因为政治尚未毒害艺术。

我与个性很强的人总是能够相处融洽。和大艺术家们在一起的时候,我十分尊重他们,同时也非常自由。我是他们的良心。如果他们被《Harper's Bazaar》批评,我会告诉他们。我保持着自己的批判意识。如果他们令我仰慕得开始窒息,那么他们便不是真正的大艺术家。

"我帮你防备毕加索,"米西亚对我说。

我只需有人帮我防备米西亚。

因为米西亚所爱之地,都会寸草不生。毕加索曾经做过大量的真空吸尘工作,但是我不在他的清扫范围内。我喜欢这个男人。实际上我喜欢的是他的画,虽然我完全不懂。我确信如此,并且也乐于如此;对我来说,毕加索就像是对数表。

他先是毁坏,而后重建。他1900年到达巴黎,那时我还是个孩子,无论塞特怎么说,他那时的确已经懂得像安格尔那样画画。我几乎已经老了,而毕加索却一直在工作。他成了绘画界的放射性定律。我们的相遇只能在巴黎(我们不会在奥弗涅生活,也不会在马拉加或巴塞罗那度日)。

我认识他的时候,他与萨蒂和科克多一起刚从罗马回来。他们是因为《游行》而聚在一起的。沙特莱的舞台上,《游行》里著名的经理人角色们穿着剪裁过的纸板有节奏地踏着步。而后他脱离了立体派和拼贴画。我目睹了他引起的众多革命,这些革命总是周期性地震荡着波艾蒂街。我看到他的舞台设计取得成功,而后

(埃里克·萨蒂)

公众们对《三角帽》、《普尔钦奈拉》产生了无限的激情。

我经常到他那炼丹术士的洞穴里去。我知道阿波利奈尔、惠更斯街和拉维尼昂街的艺术团体等等都常在他的周围走动。这是我直接看到或是听勒韦迪或马克斯·雅各布说起的。我看到他不再是马拉诺[1]、佩桑、格伦维茨和"莫莱男爵"[2]等的专属,而成为了

---

1 西班牙雕塑家。
2 讽刺作家。

与斯大林和罗斯福平起平坐的人物。我看到巴黎画商安布鲁瓦兹·沃拉和罗森博格围在这个制造珍宝的珍宝旁边。我看到科克多对他的引诱、达达主义和他调情、超现实派极力推崇他。我看到莫迪里阿尼和胡安·格里斯逐渐淡出人们的视线,而毕加索依然如故。阿波利奈尔谈起他时说,他的内心旋律如阿拉伯音乐节奏一样的单调。多少个世纪过去,多少文明倾覆,而安拉依旧伟大,毕加索正是安拉的先知。他同样也是一个魔鬼。他会回到招魂桌上惊扰一代代的年轻画家们。日后他的作品若进了卢浮宫,那些以六弦琴为主题的画作会使晚上执勤的消防员感到害怕;虽然总有人在不断巡视,但他的那些雕塑依然会在黑暗中、在埃及的展品间独自散步。

福　兰

我和福兰之间的一切都非常美好。那时我很年轻,毫无防备。那是休战年代。福兰包办了我的教育。他带我到小酒馆去。他有着歪斜的嘴、刻薄的眼睛、尖锐的个性和一颗总是绷紧的心。他用自己的声带做弓弦,却也多次被自己的箭所伤。福兰向我讲述二十五年前的巴黎,他说那时的巴黎依然狭小,处处存留第二帝国时期的影子。

"你喜欢"爱德华阿姨"吗?要小心这种人。他们是流氓!他们不适合你……我的孩子,人性并不美丽……我听说你跟那些同性恋走得很近……我再跟你说一次:同性恋都是卑鄙小人!"

一整天就会这样继续下去。那时是七月。他离不开碎石路,而我也埋首于自己的时装系列。七月的巴黎非常迷人。一切都美而虚空。巴黎的临时居民们都已经离开。城市属于我们。

"我们去吃晚饭吧。我再也不会离开你……又怎么了,让-鲁普(福兰的儿子)?你想要什么?"

"爸爸,给我一个五法郎的银币。"

"不行。"

福兰迅速穿上他的外套大衣,用布吕昂[1]式的长围巾包裹住他沙哑的喉咙。

"爸爸,给我一个五法郎的银币……"

"X的……!"

福兰洗净他的画笔,把它们浸入松节油里。

"爸爸,给我一个五法郎的银币……"

爸爸的脸突然闪过一丝愉悦:

"他是不是很乖?"

"是的,"为了让他开心,我说,"您的儿子很可爱。"

福兰对让-鲁普的爱亮起了最后一丝火花,就像

(玛丽·罗兰珊)

---

[1] 巴黎著名歌手,长围巾是招牌装扮。

是快要被吹熄的火焰。

"真的吗？您觉得他很可爱？"

我们出去吃了晚饭。我跟他谈起了玛丽·罗兰珊，格鲁家族当时拥有她画作的专营权。

"她的画是女人的活计……她像个缝鞋底的皮匠。"

他放松下来，他的话也变得不那么尖刻。他让我为他唱歌。他最喜欢的是这首：

他爬上山

去听炮声

　炮声如雷鸣

　响在他的裤子中……

（尼科尔）

他在古弗尔的吧台遇见了乔治·雨果[1]。他抓住乔治·雨果的英式西服下摆——一大块方格子布料做出的下摆，像是马背上的毯子！

"听着，乔治：

---

[1] 雨果之孙，作家、画家。

'炮声如雷鸣……'"

他给我讲人生:

"永远不要相信蠢人,宁肯相信不诚实的人。"

或是:

"小心吸毒者。毒品不会使人变坏,它只会释放人们身上的罪恶因素。"

我们分开的时候:

"我想给你画一幅肖像,到我的工作室来。"

我到了福兰家。我正打算上楼,但是刚迈出第一步的时候,福兰夫人就抓住了我。

"我一定要给您画一张肖像……"她对我说。

她不肯放我走。福兰在上面的楼梯平台上焦急地等着我。

"你在路上被她拦住了,嗯?照实说!她想阻止你到这儿来?这个泼妇,我要找她算账!"

福兰用他的红手帕擦了擦鼻子。

"我给你讲讲她最近做的一件事,我告诉你她发现了什么……她检查我的口袋……她发现了情书……然后她一句话不说,但是她把情书贴在了她的扇子上!在一个重大的晚宴上,她在所有人面前打开了扇子……"

圣·奥诺雷街

就在那段时间,我离开了丽兹酒店,在圣·奥诺雷街安顿了下来。

关于这次安置,有人说我从英国学会了室内的奢华。事实并非如此。对我来说,真正的奢华是住在伊索尔的伯父家的房子,现在我依然这么认为:"经过岁月磨光"的漂亮的奥弗涅家具,乡间沉重的深色木料,涂过古色颜料的樱桃木和青黑色的梨木,就像是西班牙的餐具桌或佛莱芒的餐具架,布勒座钟摆在玳瑁的底座上,衣柜木板被衣物压得弯曲变形。我以为自己的童年非常简朴,现在我发现它实际上是那么奢华。在奥弗涅,一切都是货真价实的,一切都是高大的。

所以,我初到巴黎的时候,并没有觉得眼花缭乱。是巴黎的人使我印象深刻,而非巴黎的装饰。我想认识塞茜尔·索雷尔,

(塞茜尔·索雷尔)

《L'Illustration》画报（圣诞号）专栏编辑们对她的报道吸引了大量外省读者。卡柏带我到她的家里去。那时临近1916年。席间一位夫人目不转睛地看着我：她就是米西亚。我坐在塞特的旁边。我很喜欢索雷尔，但是她家里未擦亮的细木护壁板让我觉得像是一层石膏。金色的桌布颜色暗淡，上面还有些污渍，有人偶然地把水果放在了污渍上面，让桌布看上去像个伊甸园。银器并不比家具擦得干净。

我对面的夫人梳着贝壳状的发髻，头上顶着一个像是橘子的东西。晚宴之后她拦住了我，不肯放我走：

"我也住在这边附近的码头，请您也到我家来。"

米西亚住在《政府公告报》编辑部的上面（确实如此），那是三层的旧式小房子，位于博讷街的街角，米西亚住在顶层。当我看见房间里一堆物品的时候，我以为她是一位古董收藏家。陪我一起来的卡柏也和我想的一样。他更不怀好意地问道："这些是用来卖的吗？"玻璃鱼缸里的鱼，酒瓶里的船，玻璃丝做的黑人，而玻璃窗上则挂满了折扇，扇子上钉满闪闪发光的钢制亮片，从窗子可以望到皇家广场。这一切都让我感到恐惧。楼下有一种不洁的气味。没有任何地方可以用抹布来擦，地板上不可能打上蜡，鸡毛掸子几乎也没法掸到那里——我们常在戏剧的第一幕看到女仆把这件可怕的东西夹在胳膊下面。一切都遵从卡特琳娜·德埃朗热小

说里杂货铺的原则:这些附在墙上,那些堆在桌子下面,铺在楼梯里,壁橱永远都无法关上……我说到哪儿了?好了,我找回我的思路了。后来,当我住在英国的时候,我在那里又发现了如同伊索尔的伯父家的奢华:打上白蜡的栎木家具,高大的橱柜,一切都是真的,仿佛透着上古时代的安详。室内设计是一个灵魂的自然反应。难怪巴尔扎克会认为它比衣着还要重要。

我开始为圣·奥诺雷街的房子配备家具。到处都是长绒的自然色地毯,按照我的喜好织就,泛着丝质的光泽,就像是上好的雪茄的颜色。窗帘是栗色的天鹅绒,配有金色的束带,就像是一个皇冠,还缠着温斯顿制作的黄丝缎。我从来不去讨价还价,只有我的朋友们会提出抗议,米西亚更会因此抓狂。博尔沃佐夫曾在C公爵那里花十万法郎买下了一块萨伏纳里地毯……

1922 年

我认识许多知名人士,已过时的或正在成长中的。我之所以谈及他们,并不是想借他们来抬高自己,而是因为我喜欢与他们交往胜过与其他任何人交往。还因为这些人发现了我,而后他们与我交往了二十年,给我带来很多欢笑。

我整整一天都在康朋街工作,中间会到圣·奥诺雷街的"花"[1]喝一杯茶,这样的一天下来使我毫无出门的欲望。然而当时的巴黎经历了其最为辉煌、最古怪的年代。伦敦和纽约(我不会提到柏林,因为当时的柏林正因货币贬值、饥荒和表现主义而痛苦不已)时时关注着我们。从康朋街到蒙帕纳斯,我看到了圣·日尔曼街顺应着这种局势,王亲贵族们以著名小说的名字为招牌开了下午茶沙龙,白俄罗斯人突然抵达,欧洲在进行着最后一次勉强的关系修补。菲利普·贝特洛家族经历了最后的辉煌:在与克里蒙梭和解之后,虽然当时是普安卡雷当政,但菲利普在和平议会后期受到

---

[1] 店名。

(1920年代的可可)

了青睐。这种优待在米勒兰时期曾中止过,然而现在菲利普仍然深受眷顾。依靠巴伊比、他的哥哥安德烈、巴德尔、莱昂·布鲁姆、米西亚和他先前的朋友们,他仍然保持了一定势力,一如他在战争前两年,白里安当政时期的权威。

我仍记得康朋街的一次美妙的圣诞聚餐。科克多带来了六人组。这是以萨蒂为首的一个新的音乐派系,彼时正处于"屋顶公牛"初期的荣耀时代。普朗克刚刚脱下军队制服;奥里克爱上了伊蕾娜·拉居;奥涅格和尚未成为一家之主的达律斯·米尧,如人们所说,他们已经"著作等身",虽然那时候米尧还未成为那个时代的圣·桑。迷人的热尔梅娜·塔耶费尔精神饱满,还有珍妮·巴托里、里卡多·维涅斯、斯特拉文斯基、莫朗、塞贡扎克、塞特、米西亚、歌德布斯基、菲利普·贝特洛一家,那天大概共有三十个人。法尔格来到之后拉威尔接踵而至;菲利普高高的额角上贴着鬈发,仿佛要重述《世纪传奇》;科克多从Gaya酒吧带来了他的爵士乐队;塞贡扎克模仿着农民;埃莱娜·贝特洛穿着一件旗袍,就像是在L'Oeuvre剧院的休息室里。萨蒂在跟我谈着一部芭蕾舞剧,他突然停了下来,因为头顶着圆球形帽子的米西亚走进了他的座位,她面色焦虑,仿佛预见到了某种卑劣的阴谋。萨蒂用手掩住山羊胡子下面的嘴,正了正夹鼻眼镜,对我耳语道:

"猫来了,快把鸟儿们藏起来……"

科克多讲到他曾和米斯坦盖的儿子一起念孔多塞中学,"现在他是一位大胡子医生,住在巴西。"

(1935年的保罗·艾里布)

简朴生活

我所认识的最复杂的男人是保罗·艾里布。他批评我不够简朴。(自让-雅克以来,单凭这一点就可以看出他是一个复杂人物。)我想我是简朴的。或者实际上我并不简朴?简朴并不是赤脚或是穿木鞋走路,简朴源自精神,它应由心所生。

"我不明白,您为什么需要那么多房间……"他说,"所有这些东西又代表什么呢?您的生活方式会毁掉您的。多么浪费!那么多仆人有什么用?您家里已经吃得很好了。我最常去您那里,我几乎就住在您的旁边,您是否知道您对什么都不满足?我讨厌无用的举动、奢侈的花费和复杂的人。"

减少自己需要的愿望是虚伪的,但令他开心的愿望却是真实的。于是我回答他:

"好吧,我会变得简朴。我要简化自己的生活。"

我在康朋街不远处发现了一栋独户住宅。我在里面租下了两个房间。因为这个简陋的住所没有浴室,于是我把其中一间改作了浴室。我住在另一间,我把最喜欢的书和一扇乌木漆面屏风放在那里,还配置了两把椅子和几块漂亮的地毯。看到我离开自己的房子,艾里布愤怒、嫉妒又痛苦。

"我过上了寄宿生的生活,"我说,"非常方便,我离自己家只有两步之遥。我要开始过简朴的日子了。"

"扮演时装店年轻女工令您很开心吗?"他问道。

我告诉他这一切改变都缘起于他。我等着他也租下某间简陋小屋,因为他是那么喜欢简朴生活。但是他没作任何表示,却不无嘲讽地问我:

"您过得很幸福吗?"

"非常幸福。"

"您究竟在玩什么游戏?您想什么时候搬回去?"

我发起脾气来:

"您想让我离开护墙板、大理石和锻铁筑成的豪宅,现在我到了茅草屋。看门人在楼道里烧饭。还可以随处踩到空奶瓶。这不是您想让我过的生活吗?您自己不也想过这样的生活吗?"

"您认为我有住在这种陋室的习惯吗?"他很不屑地说。

他到了对面,在丽兹酒店安顿下来。

我和艾里布之间的关系是充满激情的。要知道我是多么讨厌激情！那是多么让人厌恶、多么可怕的疾病！充满激情的人就像是一名田径运动员，他不知饥寒、不知疲倦，他依靠奇迹生活。激情是每天的卢尔德朝圣：你可以看看那位瘫痪的老妇人，当她得到自己想要的东西时她会迈着二十岁时的脚步冲下楼梯。充满激情的人会忽视外部，忽视其他的人，他们在别人身上只能看到工具。对他来说，其他人的时间、幸福和权利都是不存在的。他不知道什么是阻碍，凡事都一做到底，他可以有蚂蚁的耐性和大象的力气。他毫不尊重别人。激情与恐惧都是病态的极点。充满激情的人可以为满足自己的怪癖而唤醒共和国的总统，他还可以毫不犹豫地做出任何坏事，而后平静地入睡。

我对保罗·艾里布怀有很深的温柔感情，但是现在他已经去世了。而这么长的时间过去，想到他给我带来的充满激情的氛围，我仍然会愤怒不已。他使我筋疲力尽，他毁坏我的健康。艾里布离开巴黎到美国去的时候，我开始变得很有名气。我的声名鹊起，遮住了他没落的荣耀。他在三十年代返回法国的时候，不知不觉中爱上了我。这么做是为了化解这一情结，或者也是出于报复他所遭受的冷遇。对他来说，我就是他所不能拥有、不能主宰的那个巴黎。他躲到塞西尔·德米尔家，躲到加利福尼亚奢华而黯淡的工作室角落里去赌气。我曾是属于他的。他在应该拥有我的时候没能拥有我，于是他选择了日后的报复。对我们两个人来说，这个报复都来得太迟了。但是对于安抚那些叫做"情结"的幽灵，报复永远都不会太晚。

艾里布是爱我的,但是出于所有这些原因,他没有对自己承认过,也没有对我承认过。他爱着我,也隐约希望毁掉我。他希望我被打败、被凌辱,他希望我死去。如果看到我出现在他面前,贫困、无力、瘫软地坐在一辆小车里,他会万分快乐。他是一个极为反常的人,非常多情,非常聪明,非常自私,同时又过分讲究。他对我说:

"您是一个可怜的傻瓜。"

他在道德和审美方面极度灵活,像极了巴斯克人;在嫉妒方面,他却是一个彻头彻尾的西班牙人。我的过去使他深受折磨。

艾里布想和我一起一步一步地走过那些没有他的过去,重拾逝去的时光,他让我交待所有。有一天他甚至带我回到了奥弗涅,回到了蒙多尔,想去寻找我年少时的足迹。我们重新找到了我姨妈们的房子……走进那条椴树小径的时候,我真的以为我的生命已经重新开始。我停在后面。艾里布独自向前,他不断询问。而我不知道自己应该以什么样的借口去见我的姨妈们。这么多年过去,她们依然没能原谅我。她们说,即便我真的回去,也不会有人接待我。

艾里布又回到我身边,满足而又平静。他亲临其境看到了我所描述的一切,除了当地的人们已经不再穿苏格兰呢料或羊驼毛料。现在他们都在老佛爷百货店置备服装,那些漂亮的管状头饰也已经不知所踪。

关于时装的诗意

因为担心记者们在时装发布会时感到无聊,也因为担心那些外国记者们不懂我的创意,有一天我决定为他们印制一份提要,对我的时装系列进行阐释,并且给每件裙子编号,在每个号码前面标明价格等内容。开头的几句话是整个提要的关键所在。总之,是一些引导性的评论文字,也是为记者们做好了准备工作,悄悄帮他们写好文章,当晚就可以电报发出。这个提要获得了成功,时装买手和编辑们都很感激我。其他服装设计师们也急于效仿这种做法。为了更加考究,他们开始自己撰写说明:他们不仅仅是艺术家,还是作家,有时甚至是思想家。报纸则只需小修小改,评论注释一番。

这样,一种荒谬的抒情诞生了,被我称为"时装诗意"的狂热由此形成。这是一种昂贵却又贫乏无用的广告。

(1920年的可可)

这种抒情在为裙子命名的时候便已经露出了真面目。我在别家店里听到的时装系列的名字使我不禁失笑,作为回应,我只用数字为我的设计命名。我的同行P先生不是将他的创作命名为"年轻修道院长之梦"吗?荒谬毁掉了很多东西,唯独毁不了的是荒谬本身。

时装的诗意囊括了天才们:他们向克洛岱尔、瓦雷里、查尔斯·杜博、卡夫卡、克尔凯郭尔、陀斯妥耶夫斯基、歌德、但丁、埃斯库罗斯寻求灵感,得出的诗意不过是"美的认知"、"设计师现身"、"线条理论"、"借口"、"优先权"和"近似法"!在曼·雷派里,存在一种时装的摄影诗学;在毕加索派里,存在一种时装的绘画诗学。卡桑德尔如是评论道。此外还存在达达主义时装、超现实主义时装,此后或许还有存在主义时装。还有斯达汉诺夫主义时装:夏帕瑞丽夫人要在工厂里展示她设计的礼服。

时装的诗意还会召开鸡尾酒会、举办舞会和晚宴。名贵的葡萄酒和温室鲜花大量消耗,人们都走在铺着兰花的地面上。
"如果这之后销量不好的话!"L或P或W或M感叹道。

如果"这"之后还销量不佳,那就是说这样失败了,也就是说危机比诗意表现得更明显。因为酒瓶开得越多,亏本便越甚。普瓦雷酒会成功的后果便是一千六百万的亏损。

广告从未让我赚到一分钱。

为了维持广告，时装业陷入了荒谬之中。这比没有意义或曲解意义还要更甚，因为荒谬损害了特性。人们又重新开始应用色彩对比，这种穿法只有在舞台上才可能忍受；在城市里，再美的女人也没法这么穿衣服。人们或许敢于穿这样的裙子出场十分钟，但是如果穿整个晚上，那便是一场灾难。我们可以看见出现了乳房状的衣袋，茶托大小的钮扣，鼻子形状的装饰，衣服臀部上的嘴，舌状的皮毛模仿着手或眼睛，艾吕雅的诗句被印在了丝巾上，阿拉贡占满了整个手帕。这种做法的恶果也马上呈现：人们想通过不寻常的东西来吸引美国的顾客，但顾客们却被吓跑了（"取悦美国"是时装诗意的永恒思想），因为如今好品味已经转移到了大西洋彼岸，美国人畏惧这些荒谬的东西，并且无视这些过于粗糙的陷阱。玛丽-路易丝·布斯凯[1]、若弗里瓦和贝哈德是最后才意识到这一点的人。*Marie Claire* 本应该坚持做平民的宝贝，此时也想把自己打造成 *Vogue* 或 *Harper's Bazaar*。普通女性如果想要一步步跟随 *Marie Claire* 的实用建议，可能每天需要花上五个小时用来美容。

"您从来都不会满意，"读过这段战前的评论，有人会这样对我说。

1　时尚杂志 *Harper's Bazaar* 的时装编辑。

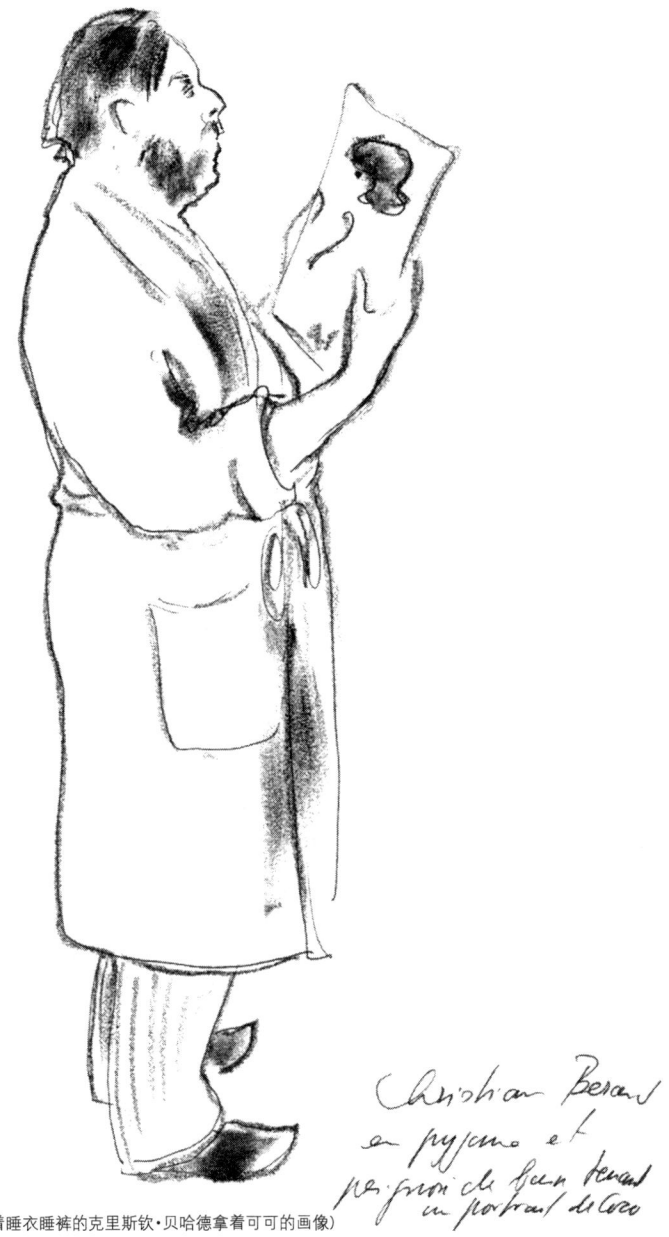

(穿着睡衣睡裤的克里斯钦·贝哈德拿着可可的画像)

我从来没有对自己满意过,为什么要对别人满意?此外,我喜欢布道。

而且我也很有羞耻心。我觉得羞耻心是法国最好的美德。羞耻感的匮乏使我身边的人变得糟糕,我要让他们明白这一点。如果有人在我面前缺乏羞耻心,那就像是他在侮辱我,就好像他强行打开了我的手袋进行抢劫。

……我还没有说完有关时装的诗意……

很自然的,这些使我想到了同性恋。同性恋们对时尚界的影响,要远远大于共济会对激进主义的影响和多明我会对人民阵线的影响。

同性恋者是女人的敌人,但同时女人又纠缠着他们。女人愚蠢的时候会认为同性恋是脆弱、滑稽却并不可怕的人;而当女人聪明的时候,她会觉得同性恋能猜中她的想法,能理解她,倾听她。所有的女人,无论头脑简单还是心思细腻,都喜欢赞美构成的陷阱,而只有同性恋者才善于使用滥美之辞,只有他们才会那么不知耻或那么心怀恶意地说出他们夸张的颂词,因此女人们注定成为他们的牺牲品。女人们总是很容易相信他们。她们喜欢他们,而他们却总是说着同样刻薄、暧昧的话,让人难以忍受而又充满了令人吃惊的虚伪。同性恋们在任何情况下都不会退却,他们让我想起德·诺阿耶夫人[1]的故事:

---

[1] 安娜·德·诺阿耶,著名女诗人。

Coco à la fin des années 20
(1920年代末的可可)

"怎么，"有人对她说，"那位夫人戴着颜色花哨形状夸张的丑帽子到您家来做客，进门的时候引起骚动，您居然会当面称赞她的帽子？您不会是真的欣赏她吧？"

"只要她不和我聊她那顶帽子，我怎么样都好，"安娜回答道。

同性恋者们总是伏在女人们的脚下："我的美人，我的宝贝，我的天使，我的至爱……"他们觉得怎么说都不为过，女人们同样以为如此。他们在女人的脖子上围上赞美的花环，奉承的项链，而后用这些勒死女人。他们漂亮的女性朋友们非常开心：女人们不会为了取悦她们的丈夫而打扮，她们打扮起来是为了取悦同性恋者，为了让其他的女人吃惊，因为女人们喜欢一切极端的东西。

"他们真迷人！他们真有品味！"

他们喜欢修过的眉毛，相较之下，对手粗蠢的相貌有如小牛头；他们喜欢金色的头发，黑色的发根；他们喜欢矫形鞋，而这些鞋子让他们看起来像瘸子。他们脸上恶臭的油脂使男人们反胃。如果他们成功地切除了女人的胸部，那么他便成功了！他们便成功了！

我看到很多女人死于"可怕的娘娘腔"狡猾的、妖惑的影响下：死亡、毒品、丑恶、毁灭、离婚、丑闻，用所有这些来消灭竞争者和报复女人都是不够的。他们要变成女人，但是他们一定是极坏的女人。

"他们太令人讨厌了!"

为了战胜女人,他们就像影子一样处处跟踪她——除了在床上。最疯狂的同性恋者以室内设计师、发型师、家具设计师为业,尤其是服装设计师!他们使女人陷入最致命的荒诞之中,陷入他们手制的地狱。我看见女人们落入万丈深渊之中,她们昨天还是我漂亮的朋友:贝阿蒂丝、弗罗里蒙德、克拉里莎、芭芭拉,我可以叫出她们的名字,数出她们的数目,然而用手指是一定数不清的。

(年轻时代的达利)

我在谈起"同性恋者"的时候，实际上也是在谈同性恋的思想，这是不言而喻的。因为我们知道那些宠爱孩子的父亲们总会在舞会上依墙而立，为他们的女儿们寻找一个好伴侣。然而他们所找到的往往都是不自知的同性恋者。他们是上流社会的卫士，是推动没落的人，他们寄生于令人迷醉的时尚风气之中，激起无数真正的恶意中伤；他们赞颂那些最为不堪的礼服，饶舌而狡猾地评论着细高跟鞋，极力宣扬着白色缎面做填料的家具。他们是仅有的喜欢脂粉和红色指甲的男人。他们形成了一个恶意诽谤的群体，那些玩世不恭的同性恋们不过是群体中的侦察兵，他们蓄着胡须，肮脏不堪，发髻里积满污垢，指甲上留着咬过的痕迹，牙齿露出暗绿颜色；他们对于充当这支老卫队的先锋没有任何的兴趣，但是他们维系着老卫队和女人们之间的关系，他们引导着社会风气。而他们最好的工具便是时装的诗意。

……而且不要再谈什么时装的艺术！我再说一次，时装是一项技术，一种职业，一门生意。或许时装界有时会懂得艺术——这已经是很难得了；有时候时装也会使艺术家激动，搭上他们的顺风车，走上成功之路。例如安格尔画中的一顶配有丝带的农妇帽已经成为了不朽，或者是雷诺阿作品中的一顶妇女小帽也许会更好些，但是这些只是偶然，就像是一只蜻蜓误把莫奈的《睡莲》当做真正的栖息处而停在了上面。如果说一套服装能够与一座雕像相媲美,或是它能够强调女主人公的超凡脱俗,那已经是非常完美了。但是这并不意味着服装设计师的思维、言谈、着装和举止就能如艺术家一样……作为艺术家,他们最终还是会失败。

战前的三年里,我曾经是记者、诗人及服装设计师们的重要攻击对象。他们的领头人克里斯钦·贝哈德组织了这次战役:我对达利的友好激怒了他。

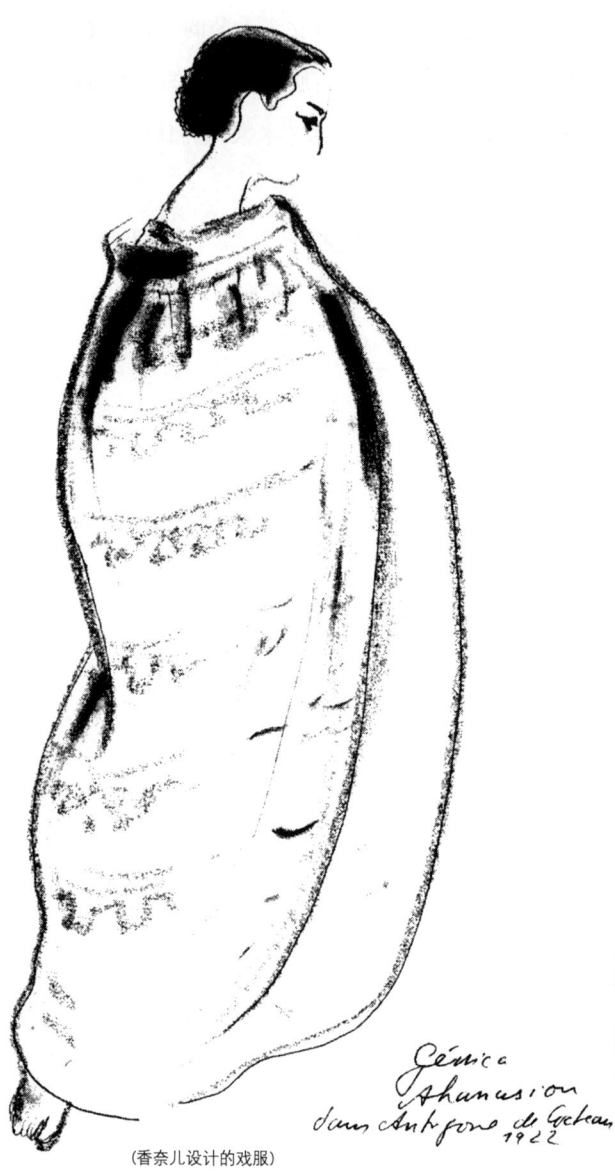

(香奈儿设计的戏服)

有关财富

金钱或许是一种邪恶的东西,但是我们的文明不也是从一种以恶为基础的概念中衍生而来的吗？没有原罪就不可能有宗教。正因为金钱是一种邪恶的东西,它才应该被人挥霍。

我通过花钱的方式来判断一个人。

我对女人们说:永远不要嫁给有零钱包的男人。

是的,不应该为赚钱而兴奋,应该为花钱而兴奋。赚来的钱不过是我们英明决策的一种物质证明:如果一桩买卖或一条裙子不能为我们带来任何收入,那么它们便是失败的。财富并不是积蓄,恰恰相反,财富可以用来解放我们;财富是明智的君主所谓的"我拥有一切但是这一切毫无价值"。同样,真正的文化也在于舍弃某些事物。在时装界也是如此,我们通常从某些很美的事物开始,而后达到简约。

由此我回到了时尚方面来。我只是想顺便提一下,没有钱也可以很优雅。

一味只想着钱,那种对财富的盲目崇拜在我看来便是一件可憎的事情。

钱并不代表美,它仅代表舒适。

女人因为钱所能买来的东西而喜欢钱,这是很自然的,但是她们若对钱产生了由衷的热爱,那便非常恐怖。一个美丽的女人跟您谈论契约、年金、人身保险或账户的收支状况,她的面容将变得多么丑陋不堪!我自己属于那种白痴的女人,这种女人只想着工作。工作之余,她们只想着算命的纸牌、别人的故事、当天的事件或是一些蠢事。

我唯一喜欢挥霍的事物是我的力量。我很乐于用全部的力量去游说或赠与。(我不久会谈到时尚是时装设计师们对时代的赠与。)无论是在工作中、爱情中还是友情中,赠与总是比得到能给我更多的快乐。我挥霍了几百万。我所交往的最为富有的男人们使我花费得最多。

我喜欢买东西,但让人恐惧的是,买下之后,你便会拥有。我喜欢各式小店:缝纫用品店、旧货店、小商贩、女式服装店等等。我喜欢那些就像狄更斯小说或《驴皮记》中所描述的古董店。我到达一个城市的时候,会逃开那些"精品店",那里装满了我十年前的

(1938年在蒙特卡罗的可可)

荒唐设计。

我憎恨那些喜欢占有的人。我更不想再看到自己借出去的金钱、书籍和物品。

我只珍惜一些毫无价值的或无用的东西,因为诗意就隐藏在这些东西里面。我们所有的不幸,情感的、社会的、道德的,都源于我们什么都不肯放弃。

对金钱的迷恋是不由自主的,人们会像得病一样产生这种迷恋。我给您讲述一个亲身经历过的故事,这故事就像是莫泊桑的短篇小说。我在洛克布鲁的别墅里度假。我召来了我的会计阿尔塞纳先生。他与他的夫人和女儿乘当天的火车从巴黎过来,买的二等座。阿尔塞纳先生是一个正派的男人,从没有任何债务问题。阿尔塞纳先生和他的家人在我这里客居三天。第三天工作结束的时候,我听说阿尔塞纳先生为此次到南方来而特地买了一件无尾常礼服,他不想一次没穿过就回去。"这很容易!阿尔塞纳先生,我今晚带您去蒙特卡罗。"我们走进了一间赌场。

阿尔塞纳先生看见纸币飞舞,长方形的大筹码堆起来,圆形的筹码牌滚下来。他在五分钟之内赢下的钱等于他整年的薪金。我要回去休息。阿尔塞纳先生仍留在那里,他赢了很多又全部输了回去,直到第二天早上才回来。他回到巴黎两个月后,康朋街的账目出现了一个漏洞。我们很快便发现阿尔塞纳先生乘火车去蒙特卡罗度了两次周末。

金钱给生活以点缀，但金钱并不是生活。

珠宝也是一样。珠宝的以假乱真是无可比拟的。为什么要被美丽的石头迷住呢？不如在脖子上挂一张支票。珠宝有着一种生动的、神秘的装饰性的价值：所有的价值，除了人们用克拉衡量的那种价值。如果说珠宝是一种抽象的符号，那么它代表了卑躬屈膝、不公或衰老。太华美的珠宝会让我联想到孀居贵妇的皱纹、松弛的皮肤和瘦骨嶙峋的手指，或是死亡、遗嘱、公证人、太平间。纯白无瑕的耳环戴在小麦色的耳垂上，让我心醉神迷。有一天，在丽都岛，我看见一位体面的美国老妇人坐在大阳伞下，所有想去游泳的年轻美国女郎都拜托她保管自己的珠宝。最终，老妇人看起来就像我们奥弗涅那些饰有圆头钉饰的圣母像，圣马可的宝藏在她旁边也会黯然失色。我在想，"如果这些年轻女人戴着珠宝浸入水里该会多美啊！她们的皮肤在阳光的映照下变得与沙滩同色，若她们的珠宝衬在皮肤上将会多么光彩夺目！"女人们会目不转睛地看着走进晚宴的另一个女人所戴的发冠或手镯，她们的眼神被那些首饰吸引，因贪欲而迷失。这样的眼神会让我浮想联翩。我喜欢出借自己的珠宝，就像出借一件披肩或一双长筒袜。那些女人戴着我的珠宝快乐地凝视自己，她们感激的微笑中流露出欲置我于死地的愿望，这一切都让我感到乐此不疲……

用珍贵材料织出的布不能使一个女人看上去更富有，华美的宝石也并不会比这布料有效。如果这个女人看起来贫乏，那么她会依然如故。我们戴着珠宝到某些人家里或为了某些人而佩戴珠宝，是为了表示尊重。我很愿意佩戴首饰，因为它们在我身上看起来总像是赝品。炫耀欲望使我感到厌恶，珠宝不是为了引人羡慕，更不是为了让人惊诧叹服。应该以纯真无邪的眼光来看待珠宝，如同坐在疾驰的车内欣然见到路旁一株花朵盛开的苹果树。平民这样理解珠宝，对他们来说，珠宝就是社会地位的象征。没有皇冠的王后便不是王后。1936年的春天，巴黎迎来了一场革命，康朋街也同样卷入其中。我决定去和反叛者们谈判。"请您摘下首饰！"安热勒惊恐万分地对我说。"去把我的珍珠项链都找来，要是没戴上他们，我是不会到楼上的工坊去的。"因为我仍然要尊重我的工人们。

社会福利

最开始,我只有六名工人。现在我共有三千五百名。

1936年,和各处一样,我的公司里也出现了当场罢工。(发明这种方式的人的确是天才。)一切都很快乐,很让人陶醉。整个公司都能听见手风琴演奏的声音。

"你们有什么要求?是薪水不够高吗?"

"不。"(我公司里工人的收入总是比任何地方都好,因为我知道工作是什么。浪凡夫人甚至指责我鼓动她的工人怠工,并要把

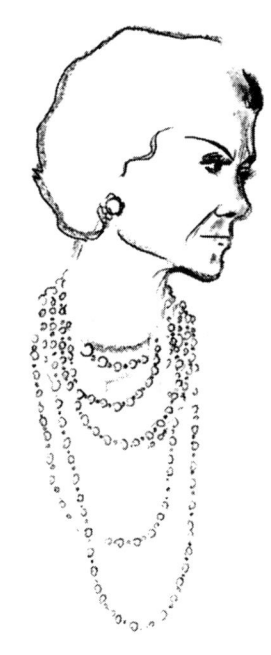

(战时的可可)

我送上轻罪法庭。）

"你们想要什么？"

"我们不能常常见到香奈儿小姐。只有模特们可以见到她。"

这是爱的罢工。是源于心灵之需的罢工。

"我要为你们做些事情，"我对职员们说，"我把我的公司交给你们。"

感谢法国总工会，感谢工会代表团。新的公司拥有者们动身去寻找资金和流动资金，答应很快就会回来。我现在依然在等待着他们。

我在朗德地区的米米藏组织了工人夏令营。这次经历花费了我几百万，但是我并不后悔。我为三四百个女人造了木板屋，并且负责旅行费用。为了不触怒她们，我为她们选择了二等车厢，并且为她们提供了一个月的带薪假期，而非法定的十五天。

这样持续了三年。一切都很美，很迷人，很快乐，因为我不想把米米藏变成一个苦刑监狱。

三年之后，市长请求我停止这项活动。而后他下达了正式的命令。至于原因，他说："这些单身女性们正在把本地区的男人带走，朗德的女人们没办法应对这样的状况。"

斯特拉文斯基

一九二几年的时候,我结识了斯特拉文斯基。他当时住在罗什舒阿尔街的老普莱耶尔[1]家里。那时候他还没有什么国际经验,举止还非常的俄国化,他的表情像是契诃夫小说里的公务员。淡红色的大鼻子下面一撇小胡子。他很年轻而且有些羞怯,他很喜欢我。在这些人里,我只对毕加索有着强烈的兴趣,但是他并非独身。斯特拉文斯基向我求爱。

"您已经结婚了,伊戈尔,"我对他说,"若是您的妻子卡特琳娜知道的话……"

他以非常俄国式的方式回答我:

"她知道我爱您。这么重要的事情如果不对她说,我该对谁说呢?"

米西亚对此并不嫉妒,但是已经说起闲话来。她感觉到在她不知道的情况下发生了一些事情:

---

[1] 著名钢琴制造商。

(借住在可可位于加尔什的别墅时的斯特拉文斯基)

"您在做什么?您去了哪里?有人说伊戈尔在诱惑你,你要解释清楚!"

一天,斯特拉文斯基对我说,"我想在加沃音乐厅举办一场音乐会,但是我没有足够的担保金。"

我回答说这件事由我来负责。我找来了安塞梅,一切都安排就绪。

"现在,"我对斯特拉文斯基说,"应该告诉米西亚了,去吧。"

斯特拉文斯基去见米西亚。

第二天,一个星期天的早晨,我到隆尚赛马场去散步。

米西亚说:"当我想到斯特拉文斯基接受了你的钱的时候,我简直悲伤得说不出话来!"

我在资助迪亚吉列夫的时候,就已经听过她这句"当我想到……",但是此时米西亚所担心的完全是另外一种规模的灾难:斯特拉文斯基会离婚娶我。塞特也参与了进来。他站在伊戈尔一边。

"先生,卡柏先生请我照顾小姐。先生,像您这样的男人,简直就是……"

这场戏的煽动者米西亚又回到我这里:

"斯特拉文斯基就在旁边的房间。他想知道你是不是会嫁给他。他已经手足无措了。"

(米歇尔公爵)

话说回来,塞特夫妇一面为斯特拉文斯基所承受的情感痛苦火上浇油,一面又把他当作笑柄。直到有一天我对安塞梅说:

"真是荒唐,塞特夫妇简直疯了。所有人都在谈论这件事情。毕加索都对我颇有微辞。让伊戈尔回来吧,我们还是朋友。"

斯特拉文斯基回来了。他每天都会来,跟我谈音乐。我仅有的音乐知识都是得自于他。他跟我谈起瓦格纳,谈起他的眼中钉贝多芬,也谈起俄国。最终有一天他对我说:

"(俄罗斯)芭蕾舞团将去西班牙演出,和我们一起去吧。"

"我会去那里找您。"

我一个人留在了巴黎。就在这个时候,狄米崔大公来到了巴黎,我自1914年起就没有再见过他。我们一起吃晚饭。第二天我又见到了他。我很友好地对他说:

"我刚买了一辆蓝色的小劳斯莱斯,我们去蒙特卡罗吧。"

"我没有钱,我只有一万五千法郎。"

"我也带上同样的数目,"我回答道,"三万法郎足够我们高高兴兴地玩上一周。"

我们走了。

米西亚彻夜难眠。她马上就给在西班牙的斯特拉文斯基拍电报:"可可是个轻佻的小裁缝,她更喜欢大公而不是艺术家。"

斯特拉文斯基差点没气疯。迪亚吉列夫拍电报给我说:"别过来,他会杀了你。"

这段至今令我发笑的故事改变了伊戈尔的一生。这件事使他发生了转变。他原本是一个谦恭的、羞怯的男人,这件事却使他没有按照这个方向发展下去，而是把他变成了一个戴着单片眼镜的冷酷男人；也是这件事使他从一个被征服者变成了一个征服者。和很多音乐家一样，伊戈尔变成了一个杰出的商人，他对他的艺术权利了如指掌，并且出色地保护了自己的利益。

在那封背信弃义的电报之后，一连几周我都与米西亚争执不断。她发誓她从没发过那种电报。我又一次原谅了她。无论怎样，米西亚转动了命运之轮，她翻开了新的一页；她干预了进来，从那天起，我和斯特拉文斯基都不再回顾从前。

上流人士

这一段里,我将要发泄一下我对这个时代的怒火,不喜欢的人可以把这几页翻过去。我知道我仿佛成了时装界的莱昂·布洛伊,但那又怎样。人们经常说,我是一个颠倒社会秩序的人。

我雇用上流社会的人物,不是为了满足自己的虚荣心或为了贬低他们的身份(我有其他的报复方式,我承认我曾寻找过),但是正如我曾说过的那样,我雇用他们是因为他们对我有用,因为他们可以替我往来于整个巴黎,而我却可以上床休息。因为有了他们,我可以像普鲁斯特一样躺在床上便可以知道昨天在所有的宴会上人们都说了些什么。我知道工作是什么。我从来不付给游手好闲的人工资。德·波蒙伯爵工作非常卖力,他甚至暗中挖走了我的买手,他把他们带到了自己的府邸,他在那里设置了第二个工作室,却仍然没有放弃在我那里的工作。我解雇了他,因为拿人薪水就应该刻苦工作。我不喜欢做事不力的人占了别人的位子,无论在

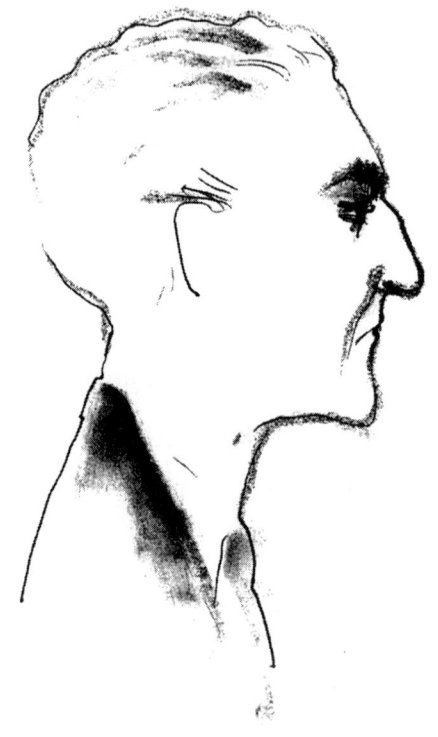

(艾提安·德·波蒙)

文学界还是服装界都是如此。想通过玩来赚钱是不道德的。

说到文学,一份美国报纸十几年前曾请我写一个月刊专栏,名字叫"香小姐看……"。我开始写了几篇,很快就厌倦了。我建议编辑请玛尔特亲王夫人来写……她的文笔是如此优美,人们甚至会以为是法朗士起死回生,为阿尔芒夫人[1]重新执笔撰文。在这些经我启发却非我亲笔而作的文章里,当然应该将我写进去。从第一篇文章开始,我们这位童话作家式的亲王夫人就用一半的篇幅来赞美自己,再用四分之一的空间来描述巴黎,这座光明之城此刻为她充当了放映机;剩下的篇幅她才用来写我。"巴黎是粉色的,珍珠般的色彩,时光悠缓。我的车停在了康朋街,我的脚踏在人行道上:我偶然看到了一件漂亮的黄色毛衣,我走进店内,为那些小设计师们过于谦逊而富有创意的天才感到惊叹。这些设计仿佛是飞跑过来迎合我们贵妇人的需要……"您可以看到她的风格。亲王夫人没有得到她的美元,因为她的态度并不诚实。

我尤其喜欢雇用外国人工作。法国人很容易就为自己争取利益,但是从来不会感激任何人。(我则恰好相反,我更喜欢为别人争取利益)。当我为没有支付能力的巴黎女人提供服装的时候,她们却来抨击我,为了显示她们的独立。我最终直接帮她们付清了

---

[1] 文学沙龙女主人,法朗士的情人与灵感缪斯。

欠款。有人问我：

"您为什么要帮她们付账？"

我回答说：

"这样她们就可以说我的坏话了。"

我邀请上流社会的朋友们一起旅行的时候，总是我来支付费用。因为当他们确认自己的快乐全属免费时，他们便会变得很风趣、很迷人。总之，我是在买他们的好心情。他们有一种不可抵抗的不诚实性。在柏林，一位陪我旅行的公爵夫人（这是一位拥有意大利姓氏的夫人），在我们要离开的时候，叫人送了一件极为美丽的皮衣到我们的酒店。那天早上我情绪很差。

"我拒绝为此付账，"我说。

"哦！但是没有什么需要付钱的，"她的男友回答我说（当然了，我同样也带来了公爵夫人的男友）。

"这怎么讲？"

"我们不必付款就可以离开，奥雷利娅并没有留下自己的名字……"

总之，这无异于盗窃，而这又算在了我的头上。我很喜欢奥雷利娅，她是个伟大的交际花，只是生晚了四个世纪。

是的，上流社会的人物比任何人都让我开心。他们给我带来欢乐。他们有思想、知分寸，他们懂得一种迷人的背信弃义，一种上等阶层的洒脱,一种时刻准备发作的、非常明显、非常尖刻的傲慢。他们知道什么时候应该进门,什么时候应该告辞。

说了这些之后,我觉得富有的R男爵夫人和极为优雅的B夫人为了那些她们完全能买下的裙子去和我的同行P[1]上床(愿上帝垂怜他!),这简直太令人震惊。当然,这些事情她们的丈夫和情人们也都非常清楚。在这方面,我是反对社会秩序的。如果这种情况继续下去或是更加严重,我想我还是更喜欢布尔什维克。此外,一个社会并不是因为什么不可思议的原因而消失:它正是因为这种微不足道的理由而倾覆。

上流社会的人们从他们的先祖那里只继承了一点,即完全不知最为基本的商业道德为何物。对他们来说,每天都是星期天,而每个人都是"星期天先生"。他们不做生意的时候,这种无知便局限于上层社会,而如今,他们也做起了生意。在时装业,我很少看到他们依然保持着骑士风范。

我的朋友V夫人在她巴黎的漂亮房子里为著名服装设计师们举行了一次晚宴。实际上,同样是这位P先生成为了这次晚宴的主宰。晚宴之前有一个花园鸡尾酒会。房子的女主人口头上请大家都留下来。我走到她的桌旁,却没有看到自己的位子,虽然他们告

---

[1] 普瓦雷。

诉我我的位子就在那里。在我找位子的时候,我的同行们已经在其他桌上依次就座。我在屏风后面发现了一个独脚小圆桌,然后一个人坐在了那里。总招待第一个发现了我,此前他也多次在我宴客的时候来帮忙。他看出了我的孤立。

"小姐,您怎么能一个人呆在这儿!"

"我在这儿很好,给我拿一份鸡肉冷盘。"

"这是香槟,是真正的香槟,不是普通汽酒。这里根据桌子的不同而上两种酒。"

我戴上自己的大眼镜,开心地观察着。在我的同行们旁边,是他们为之提供服装的华丽的巴黎上流社会。晚宴很令人陶醉,但是我同样看到了人们的恐惧。我那些殷勤的朋友们或许非常想过来和我打声招呼,但是她们不敢这样,她们怕失去下一件晚礼服。

最终,我没有吃到甜点。第二天早晨,很自然地,前一天晚上的女主人打电话给我说她知道我受到冷遇的时候已经太迟了,还说她是我最好的朋友,巴黎的所有人都比不上我云云,一串背信弃义后的温柔话语。所有这些都不过是出于一种一争高下的需要,因为她和其他人一样都不能拒绝P,这位从前的店员,所以她只能比她们做得更好,以讨P的欢心。

国王们消失了,但是宫廷交际花们依然存在。

可怜的女人们

我同情她们。这些可怜的家伙。她们的成长教育中没有预见到今天这样喧嚣的社会。她们想要投票选举、吸烟、使用她们不了解的武器;她们要驾驶载重汽车,如果她们能开进沟里就好了!但是不,她们开得很好,这才是真正的灾难。她们有悲伤、有泪水,有加斯蒂纳·勒内特店里的左轮手枪,货款两清,不过她们还想要更多。在她们猎捕男人的过程中,她们不曾了解,男人们更喜欢充当狩猎者的角色(当然觊觎的是旁人手里的猎物,而非他们自己的)。

我同情这些女人是因为她们总是犯错。她们把任何事情都和自己联系起来。她们想要取悦路人,路人却并未察觉。她们不知道正是自己的那些优点(尤其是那些男性化的优点),让男人们避之唯恐不及。

女性常常想掩饰缺陷,却没想到要将它们变成自身魅力的一部分。应当多用点心思巧妙转化这些缺陷:如果运用得当,一切唾

Coco et son amie Lady Abdy
(可可与朋友)

手可得。如果有美德的话，也应该先隐藏起来，但是必须让人们知道美德是存在着的。大部分男人都不诚实，而女人们则无一例外。

我对女人们没有任何友谊可言。除了米西亚之外，她们从没让我觉得有趣。女人们非常轻佻，我是肤浅的，但从不轻佻。年纪越长，我便越是肤浅。一个太好的女人，总会让女人们尴尬，让男人们感到无聊。

一个女人＝嫉妒＋虚荣＋饶舌的需要＋混乱的思想。虽然这样，我还是喜欢女人们费心打扮自己。有多少男人，就会有多少可怜的女孩，多少产业又赖此为生！女人们的挥霍所养活的人远远比因其致死的人多得多。

女人们只根据颜色选择裙子，但如果她们能关心衣服的真正重点的话，她们便与男人无异。我的客人们也同样如此。但是我不喜欢给那些傻瓜客人们开门，她们只是要看遍整套服饰系列却不懂得欣赏。

当一个女人看到一条新裙子的时候，她便会失去理智。她们会弄脏模特身上的白色裙子……女人模仿男人，但是她们却没有注意到男人们穿起来漂亮的那些衣服往往会使女人们变丑。

现在来看看在餐桌上化妆的女人们！她们把铅条一样重的金质小化妆箱放到餐碟旁边，用餐巾纸来化妆。她们把梳子放在叉子旁边。她们的金发落进了浓汤里面。她们错把口红当做了草莓。

她们把赭石色的散粉撒进了白色的调味汁里面。当我看见她们吃肉片的时候,我不知道她们是要把它放进嘴里还是要贴在脸上。

还有在床上!你可以看到她们脸上黑色的油脂弄脏了枕头,她们头上戴着卷发夹子,眼睑上满是油脂。可怜的丈夫,既然已经俘获了他,今后再不必取悦于他,她想取悦别人,取悦那些她白天见到的人们,他们对她没有兴趣,他们对她的漠不关心激起了她的热情。女人们由衷地喜爱时装,但她们从不会为了时装而牺牲一位情人。所有人都对我说:"真是少见!您居然不涂红色的指甲!"有哪个女人在听到这种话之后,还会想涂上红色指甲油来取悦他们呢。

她们就是这样,注定得忍受挑逗男人带来的屈辱。她们的脚在桌子下面寻找着另一个男人的脚,若是那个男人没有把脚收回,她们就会感到异常幸福。而她们却抱怨没有人爱!她们通过虚荣的饶舌把男人们关进一个两难境地:如果是一个有教养的保守男人,她们会说:"他是个同性恋!"如果男人注意到她们,她们便说:"他轻薄我。"如果本应该起到表率作用的女人们都有着这样的举动,那么可以设想一下其他人会是怎样。(幸运的是,其他人的行为要端正得多。)

我从未见过依靠女人而成功的男人。相反地,我看过很多因女人而被毁掉的男人们。因为很多妻子对丈夫的判断都有失公平。很多妻子们都会拖垮丈夫们的事业,很少有妻子会推进丈夫的事业。

背叛男人的方式有很多种,但是欺骗男人的方式却很少:轻率或愚蠢的购物,白痴的行为,因虚荣而产生的个人恩怨,难以忍受的口臭或糟糕的教养。(而欺骗的所有含义最终都只归为一种。)可以通过在餐桌上像木桩一样一言不发、制造冰冷气氛来背叛一个男人,也可以通过重复一段特地为晚饭而学的小故事来背叛他。可以毫不时尚;也可以过于时尚——开载重汽车、穿蜡染布料,说着"挽回自己的信誉"、"现在还算过得去"、"同意"、"好极了"之类的流行语,等等。有那么多的女人把她们心爱的男人置于低自己一等的地位。

更不去说那些非常年轻的女人们,她们总是有借口,不过老女人们是最糟糕的。为什么美女们在老珠黄之后都变得如此不堪?

她们在丈夫面前说的话混杂着想象成分:C先生,我们这个时代最具魅力和吸引力的作家喜欢我花园里的一座雕塑。

"这个雕塑人物真是又漂亮又让人觉得安心,"他说。

"拿去吧,我把它送给你。"

"你要把它放在哪儿呢?我们要为它搬一次家么!"他的夫人震怒道。

他很窘迫地回答道：

"我绝不会拿走它,但是它真的深深触动了我……"

(第二天,却是她来取这尊雕塑。)

"我很高兴能把它送给您,"我说,"因为我很钦佩您。"

"哦!"他妻子愤愤地说,"您如果这样赞美他就好了!"

下面再来听听一位名医的妻子是怎样说的。

谈到医生的时间安排：

"周二……听诊。周三……医学院讲课。周四……啊!周四是专用于爱情的。请您相信教授从不会厌倦!"

还有一位工业家的妻子：

"那么你觉得这件裙子不适合我穿？或许你的意思是我不会选衣服？"(晚饭的时候开始了这样一幕。)

"大腿露得太多了……"马蒂斯先生答道。

"你敢说你不喜欢我的大腿吗？这两条腿为你提供了多少服务!"

所有这些都是真实的场景。这些话出自巴黎最知名的人物之口。(对于巴黎来说,幸运的是,其中的任何一个都不是巴黎人。而且他们不是孩子,而是五十多岁的人了!)

比起男人来,我更加惧怕女人。

当然也有些极端的反例,但是那会更糟:女学者、女诗人、女政治家。

比起喜欢法兰西学院院士的那些女人来,我更喜欢迷恋黑人的女人们。

我只喜欢两位女作家,德·诺阿耶伯爵夫人与柯蕾。伯爵夫人曾试图让我着迷。她模仿科克多的神态,而科克多模仿她的笔迹。她在聚餐时从不吃饭,因为她害怕别人打断她的话。当她喝酒的时候,就会握着酒杯滔滔不绝起来,还会打手势示意大家她的话还没有说完。她看着我的眼睛,想知道她所说的那些话里我喜欢听哪些。只有我一个人能发现她所说的话非常明智。

我喜欢柯蕾,喜欢她使徒般的双脚和她的口音。但是她任自己长胖是错误的。这个冰雪聪明的女人并没有了解到外形的重要。她在吃的方面假充好汉。两块香肠对她来说已经足够了,吃两打则完全是病态。她想以此震惊圣特罗佩。她越是为自己的肥胖感到苦恼,就越是变本加厉地吃下去。如果我很聪明(尤其是博闻多识),我反而会失败。我不想听、不想看、不想理解的愿望和我的固执是我成功的真正原因。

我从没觉得女人有趣。我对她们没有任何友谊可言。(她们不会明白这句话的含义。)而在法国,友谊是一件不可思议的事情。

"名誉"这个词对女人来说不具有任何含义。

她们不遵守游戏规则,但是她们想要有人跟她们玩这个游戏。

最糟糕的是夫妇。

单独相处的时候,他们各自都会令你很开心;聚在一起的时候,他们则令人憎恨。至于成为两个人的朋友,那是不可能的事情。夫妇是一个联盟,"团结就是力量",联盟是很讨厌的,因为它很有用。爱情应该是一种相互摧毁的关系,而非相互拯救的关系。与和睦的夫妇相处要比与不和的夫妇相处更为困难。夫妇从来不

(科莱特)

会考虑到第三方难以忍受的境遇。夫妇从来不会是简单的、慷慨的、率直的；夫妇所有的，只是思考、手段和自私。这是很不人道的：夫妇是人为的创造，就像是一家商号。即便一对夫妇互相厌烦，在你面前他们也会相亲相爱。就像齿轮要彼此咬合，才能使机器运转。

幸运的是，"女人并不一定总是属于雄性的雌性，一对夫妇也可能是两个完全不同的人。"这句令人欣慰的话出自巴尔扎克。玛丽·罗兰珊曾说："我对'夫妇'这个第三人称讨厌至极。"

卡柏男孩经常对我说：
"不要忘了你是个女人……"
我总是会忘记。

为了让自己想起这一点，我站在了镜子前面：我看着自己可怕的弓形眉毛；我张开的鼻孔如马的鼻孔一般大小；我的头发比魔鬼还要黑；我的嘴如一道裂缝，里面流出了一个易怒而又宽容的灵魂。在这一切之上，在我这张极其痛苦的在学校荒废了太多时光的女人脸孔的上方，是如同学龄小女生一般的大蝴蝶结！我的皮肤如波希米亚人一样黝黑；而我的牙齿和我的珍珠项链则是与之对比明显的纯白；我的身体就像葡萄藤上没有果实的干枯枝蔓；我那双劳动者的手，手指上的蛋面宝石戒指如同美国拳击手

(玛丽·罗兰珊)

的金属指环。

镜子的生硬之中映出我自己的生硬。那是我和镜子之间的一次激烈斗争。这次斗争准确地反映出了我高效、乐观、积极、现实、好斗、幽默而又多疑的性格,典型的法式性格。最终我金褐色的眼睛透露了我的内心:在那里,人们看见了我是个女人。

一个可怜的女人。

时尚或注定消亡的创作

谈论起时尚时,应该带着满腔热忱,而不应狂热,更不应充满诗意或文学色彩。一件裙子并不是一部悲剧,也不是一幅画。它是一种充满魅力而又转瞬即逝的创作,而不是永恒的艺术作品。时尚应该能够消亡,并且迅速消亡,由此商业才能继续生存下去。

创作之前应该是发明。发明即是种子和幼苗。为了使它生长,应该有适宜的温度,这温度便是奢华。时尚应该在奢华中产生,奢华并不是二十五个优雅女人[1](而且其时装是免费的获得,这算不上奢华)。奢华首先是由艺术家的天分构思出来,并且赋予其一定的形式。进而成千上万个女性遵循这种形式,并将其表达、展现和传播开来。

创作是一种艺术的馈赠,是时装设计师与时代合作的产物。

---

1 指发布会模特。

时装设计师们并不是通过学习制作裙子而获得成功的（制作服装和开创时尚是截然不同的）。时尚不仅仅存在于女士服装中，更弥漫在空气里，时尚乘风而来，我们感受到它，呼吸着它，它远在天际，又近在街头。时尚无处不在，它源自创意构想、风俗习惯甚至某些特定事件……

例如家居便袍，也就是保罗·布尔热和巴塔耶笔下的女主人公们爱穿的tea-gowns，它之所以销声匿迹，或许是因为我们生活在一个几乎没有家居生活的时代。

四分之一个世纪以来，我一直在创造着时尚。为什么？因为我知道怎样表达我的时代。我为我自己发明了运动装；不是因为其他的女人们要做运动，而是因为我自己要做运动。我不出门应酬是因为我需要设计时装，而我设计时装只是因为我要出门，只是因为我是第一个享受到这个世纪的生活的女人。

为什么那些大型客轮、沙龙和著名餐厅从来不能适应其真正的用途？那是因为它们的设计者们从来没有经历过风暴，它们的建筑师们从来没有出入过上层社会，而它们的装潢设计师们每晚九点钟入睡，在家里吃晚饭。同样，在我之前，女装裁缝与男装裁缝一样都躲在商店的后间，而我，却过着一种现代生活，我跟我的顾客有着共同的生活习惯、品味和需求。

(可可身着 1938/39 年高级定制服系列)

时尚应该能够表现时间和地点。"顾客就是上帝"这条商谚在这里体现出了其清晰而明确的含义。这种含义表明时尚与机遇一样,是一种需要把握的东西。我看见一个女人骑着自行车,手袋斜挎在肩上,一只手端正地扶在起起落落的膝盖上,衣服贴在前胸和腹部上,裙摆被车速带出的风吹起。那个女人根据她的需要创造了她自己的时尚,就像鲁滨逊建造了自己的小茅屋。她很令人欣赏,我欣赏她。我欣赏她入了迷,以至于没有看到另外一个快步走过来的女人。她撞在了我的身上,我们一起跌倒。我倒在地上时,脸刚好在她光滑的两腿之间:很令人陶醉。她斥责了我,简直是完美。

"您在看什么!"她对我说。

"我在看您,夫人,以确定我还没有过时。"

因为时尚就在街上,它却不知道自己的存在,直到有一天,我用自己的方式把它表现了出来。时尚就像风景一样,在乎一种情绪,那是我自己的情绪。

"这条裙子销路不会很好,因为它不像我的风格,"我有时候会这样对我的员工说。

存在着香奈儿的优雅、1925年或1946年的优雅,但是一个民族的时尚是不存在的。时尚具有一种时间的意义,但是不具有任何地域意义。就像虽然有墨西哥菜或希腊菜,但是没有这些地方真正的烹饪法一样,地区的着装习惯是存在的(如苏格兰格子花呢披肩,西班牙开襟短背心),但仅此而已。巴黎是时尚的发源地,几个世纪以来,所有人都在这里交汇。

那么时装设计师的天才在哪里呢?天才在于预见。比起国家伟人来说,伟大的时装设计师的头脑里装着更多的未来。他的天才,也就是在冬天设计夏服,在夏季设计冬装。顾客们在炽热的太阳下面游泳的时候,他想到的是冰冻和白霜。

时尚并不是一种艺术,它是一种职业。如果艺术利用了时尚,对于时尚来说,那已经是无上的荣耀。

最好是要顺应时尚,即便时尚是丑的。远离时尚便会马上变成一个滑稽可笑的人物,这更令人恐怖。没有人有足够的力量可以超越时尚。

时尚是一个速度的问题。在时装品牌推出新系列前的一段时间,您是否曾经去那里参观过?在新的系列还没有下市的时候,我便会发现我在展出之始所做的一切已经过时。三个月前的一条裙子!一个时装系列只有在最后两天才能成形,从这方面来看我们的职业类似于戏剧,戏剧不也同样是在练习和带妆彩排之间才能体现其意义吗?顾客进门前十分钟,我还在添加蝴蝶结。下午两点钟的时候，模特们还在试穿裙子，这让试衣间的主管感到绝望，因为他还要指挥这些美丽的表演者们进行队形变换。

有人说，如果时装设计师的角色被您简化成这样微不足道的东西，简化为肤浅易逝的、捕捉时代气息的艺术，那么若有别人做同样的事情，抄袭您、从您的观点里获取灵感，就好像您的灵感是来自于巴黎空气中四散飘浮着的东西，您会以为这是很自然的事情吗？

但是确实如此：一项发明一旦创造出来，就是为了消失在默默无闻之中。我不能够将自己所有的想法都发展起来，那么由别人来实现这些，对于我来说是一件快乐的事情，有的时候比我自己亲自动手还会让我快乐。这也是为什么我总是远离我的同行们。几年来，他们所认为最大的悲剧是抄袭，而对我来说抄袭是不存在的。

秘密地工作、晚上离开工作室时对工人们进行搜身、关于抄袭的诉讼、商业间谍、丢失的货样、人们像争夺原子弹程式一样争夺的样衣模版等等，所有这些都是无用的、幼稚的、低效的。起初，我每年推出两个系列。我的同行们推出四个系列，以便有时间抄袭我的式样。（"我们做得更好，"他们说。有时候他们也是有道理的。）

多么僵化,多么懒惰,多么官僚主义啊!他们对创造如此缺乏信念,对仿制又是如此害怕!

时尚越是短暂易逝便越是完美,人们不必去保护已经逝去的东西。

我记得在Ciro's俱乐部的一次晚宴上,有十七个人穿着香奈儿风格的裙子,却没有一条是出自我的店里。阿尔布公爵夫人用这样的话来迎接我:"我向你发誓我的裙子是出自你店里。"她的话完全没有意义。还有罗什福科公爵夫人和一个邀请她与我共同出席晚宴的朋友的对话:"我不敢过去和她打招呼,因为我的香奈儿晚装不是出自她的店里。"我的回答是:"我都不能确定自己的裙子是不是出自自己的店里。"

因为时尚终将成为过去,所以人们将它脆弱的生命赋予女人。女人和孩子一样,他们的作用都是很快地损耗、打破或摧毁:一笔巨大的开销。对于依靠他们而生存的产业,这种作用是至关重要的。伟大的征服者们用他们身后的废墟作为衡量功绩的依据。

我只喜欢自己创作的东西,我只有在遗忘的时候才去创作。

十年以来,大时装设计师们组织起来形成了一个名为PAS(季节性艺术保护组织)的"专属权俱乐部",这个组织以反抄袭联盟的形式出现,是一个托拉斯组织。通过不给四万五千个小时装设计师活路来保证二十几个大时装设计师的特权,这样做真的有必要吗?

那些小设计师们如果不是通过阐释大师的创作,又怎么能生存下去呢?

为一条裙子或是一张设计图申请专利,就像是给速射炮安装刹车,我反复地说这是反现代、反诗意、反法国的。世界曾受益于法国的发明,而法国也曾受益于其他民族创造的理念和设计。存在不过就是运动与交流。时装设计师们自视为艺术家,如果确实如此,那么他们应该明白在艺术方面是没有专利的,埃斯库罗斯并没有任何版权,而波斯的国王也并没有起诉孟德斯鸠仿作。东方人复制,美国人模仿,法国人再创造。他们已经将古典进行了多次的重新创造:龙萨的希腊并不是谢尼埃笔下的希腊,贝兰描绘的日本也不是龚古尔所描绘的日本……

一九二几年的某一天,在威尼斯丽都岛游玩时,我厌倦了赤脚走在沙滩上,而且沙子滚烫,几乎透过皮凉鞋烧到我的脚掌,我请扎特雷的一个鞋匠把一个软木削成脚掌状,然后我在上面系上两条细带子。十年之后,纽约Abercrombie & Fitch (A&F)的橱窗里摆满了软木底的鞋子。

我觉得一直拿着手袋很累,又怕弄丢,因此一九三几年的时候我在上面加了一条肩带,然后把它斜背在肩上。从那以后……

我对珠宝店里的首饰毫无兴趣,因此我请弗朗索瓦·雨果按照我的想法设计别针、胸针以及其他所有仿真的服饰珠宝,现在我们依然可以在皇宫附近的购物廊或是里沃利街的拱廊购物街看到这些设计。

假使这些小东西如今都标有商标,我会觉得很遗憾。我发明了这一切,如果我曾想过要保护自己,那么我可能会因此而丧命。

我在想为什么我会进入到这一行业中,为什么我会在其中以一个革命者的形象出现?我并不是为了创造我喜欢的东西,最重要的是为了使那些我不喜欢的东西马上过时。我把自己的天分当做炸药来使用。我有完美的批评精神和批评眼光。正如儒勒·雷纳尔[1]所说,我"有明确的好恶之分"。我看到的一切都令我生厌,我要将它们清除出我的记忆,把我所记得的一切都赶出我的思想。我还需要把自己完成的和别人正在进行的工作做得更好。我命中注定是一个工具,要做必要的清理工作。

在艺术方面,我们总是应该从可以做得更好的地方开始。如果我去建造飞机,我开始便会建造一架太过漂亮的飞机。而后我

---

[1] 法国作家。

们便应该进行删减。从最美的东西出发，我们可以过渡到简洁、实用、廉价；我们可以从一件手工精致的礼服裙过渡到成衣制作，但是反过来是不可能的。这也就是为什么时尚一旦遍布街头便会自然地消亡。

我经常听说成衣制作扼杀了时尚。时尚是需要被扼杀的，它生来便注定如此。

廉价只能从高价而来，为了使得廉价时装店存在，就必须先有高级定制服的存在。数量并不是质量的叠加，它们本质上是不同的。如果人们能够了解、体会、接受这一点，巴黎便得救了。

有人说"巴黎不会再产生时尚了"，纽约在制造时尚，好莱坞在传播时尚，巴黎在深受其苦。我不相信这些。的确，电影在时尚界引起了原子弹效应，电影院里播放的动态影像，其爆炸式的影响及于全球。我也是美国电影的爱好者，我也在等待着电影工作室能够倡导某种线条、某种颜色或某种着装样式。面孔、侧影、发式、手、脚趾甲、移动吧台、客厅里的电冰箱、电波表，好莱坞能够成功地表现人类所有的外延部分和无价值的装饰。但是好莱坞从来无法成功地触及身体的中心问题，它还没有征服这一人类内在的戏剧性，而这正是伟大的创作者以及古老文明的特权。至少今天依然如此。

美国人多次请我到加利福尼亚去推动时尚发展。我拒绝了他们,因为我知道这种方法是人为的,因此是消极的。比起勃艮第多石的土地或吉耶讷多沙的土地来说,世界上有着众多更富饶的土地。从波斯到太平洋,人们都试图酿造葡萄酒,但是它们从未酿成过勃艮第的*Clos-Vougeot*或吉耶讷的*Aÿ*酒。金钱和技术并不代表全部。葛丽泰·嘉宝,这位银幕上最伟大的艺术家同时也是上流社会中最不懂着装的女人。

我经过里昂的时候,遇见了里昂一家著名布料厂的厂主。
"我要给您看一件将引起时装革命的东西,"他对我说。
他拿出了印有卡通图像的丝绸。
"我从迪斯尼那里买来了版权,您觉得怎样?"他骄傲地说。
"您为什么在这些蠢东西上浪费钱财?"我答道。
"您不为此兴奋吗?"
"我害怕荒谬的东西。穿着臀部印有一头牛的衣服散步,当然会引人注目。我喜欢不引人注目的东西。留着您的布料吧。这些用来做儿童室的窗帘会很不错。您也让您的夫人穿这些吗?"
"啊,不,'我的陛下'(他这样称他的妻子)不能穿这样的东西。"

同行们说:
"香奈儿缺乏勇气。香奈儿是一个被革命超越了的革命者。"
我回答说:或许政治中会存在革命,而革命是一件贫乏的东西（因为有史以来只有两种选择：使人们生活在自由社会或独裁社会中，选项A和选项B），这项革命运作起来只能够通过一个半圆形阶梯会场，一边是左派，一边是右派。但是时装界却不会发生革命，时装界如风尚一样丰富、细腻、深刻，同时时装正是风尚的一种展现。

总之，成衣制造业是存在的。成衣创造了奇迹。它成功了，并且已经充斥了整个世界。但是它混淆了数量与质量，就像是将苹果与梨子混在一起。法国将是最后一个战败者，巴黎则永远都不会。我们的地区太小，几乎无法发展成衣业。我们的狭小拯救了我们。雪铁龙自认为是福特。它来自荷兰，它并不知道格勒奈尔大街不是底特律。

回头来谈时装界的模仿。我问我的同行们：外国人是否可以自由抄袭我们的作品？是的。他们会不会这样做呢？会。那么把一条裙子看做专利便是无用的。那就是在承认我们缺乏创造力。如果你们在国际大鳄面前束手无策，为什么一定要从我们的小时装设计师口中夺食呢？拉辛和莫里哀从来没有为小学教员们苦恼过。在剽窃的每一页上，都充满了欣赏与爱。

因为我支持这些观点，所以他们记恨我。他们与我断绝往来，他们剥夺我的原料整整七年。但是今日我的观点比以往更

加明晰。

我之所以坚持这场有关仿作的争论,是因为它已经在我和我的同行们之间造成了一道无法弥补的鸿沟。我创造出新的时尚、新的设计,提出新的制造方法,令庞大的产业得以生存,但这一切都是徒劳的,时装界并不理解我。男人生来便是官僚主义的,我们不可能改变这一点。他们把一切都划分成体系,他们阻挡所有的河流,把信仰也归纳在了一个个的纸箱里。

您看到我真正的脾气有多坏了吗?

我欣赏和喜爱美国。我在美国很受欢迎。对于很多美国人来说(您不认识他们,我也同样不认识),我就是法国。我想美国人比任何地方的人都更了解我的创作,因为美国人并不会"为美国人而工作",也就是说,像我们法国的同行一样,目不转睛地盯着《生活》和《财富》杂志。众多的法国人住在美国,其中包括法国的作家、教授、政治家、记者等等。美国的时尚是否曾经受到过丝毫的影响呢?奢华在美国,而奢华的精神却依然潜居在法国。我知道什么是奢华。曾经有十年时间,我生活在全世界顶级的奢华里。为什么要像莫利纽克斯那样去寻找美国或英国的模特?为什么要去纽约寻找某个风格,然后再带回巴黎进行改造?波尔多的 *Retour des isles* 葡萄酒会在舶运的过程中变得更醇美,而一条裙子却并非如此。

业内人士并不是注定要思考荒诞的创作,正相反,他们要去纠正那些过于夸张的东西。我更喜欢过于规规矩矩的东西。应该培养中等资质的女子：一个太美的女人会使其他女人不快，而一个太丑的女人则会令男人们伤心。

一百万个女人中只有五个女人是聪明的：若不是一个女人，谁能够对她们说这些？

女人们想到了所有颜色，除了无色之色。我常说黑色包容一切，白色亦然。它们的美无懈可击，绝对和谐。在舞会上，穿黑色或白色的女子永远都是焦点。

顾客们只肯注重细节，因此她们精力分散。她们错误地忽视了男人的意见。而男人们喜欢和着装得体的女人一起出门，而非和鲜艳夺目的女人一起出门。如果他们的女伴花枝招展，他们则宁肯呆在家里，以避免被注目的折磨。为什么女人们着装时不去想到令人开心，而总是想到令人惊异呢？只有非常年轻的男人才需要人们向他解释什么是幸福，只有他们才需要一个令路人驻足回望的女伴。

时尚的革命应该是有意识的，应该是令人难以察觉的逐步变化。我从来不从先验或抽象的思想出发，我从来没有在十个月前就能决定下一季的裙子是否应该设计得更长。

从来没有女演员成为我的顾客。对时尚来说，1914年之后女演员们就已经不复存在。在此之前，是她们在引领时尚。

(让·普鲁沃)

最后的国王

有一天(当时我们正在南法),为我工作的英国女人帕梅拉过来对我说:

"帮我一个忙。这不会损失你任何东西。如果你帮了我,我就会得到一件礼物。我想要一件礼物,更确切地说,我需要它。西敏公爵刚刚来到这里。他的快艇正停在摩纳哥湾。他想要认识你,我在重赏之下向他保证会带你去吃晚饭。"

我很喜欢这种少有的坦率,但是我并没有因此让步。我已经习惯了帕梅拉,习惯了在女人身上只看到魔鬼。

"我当然不会去。"

"我求您了。"

"我不会去。"

不久后,出于习惯性的不坚定,我让步了。帕梅拉将会得到她的礼物,我答应了第二天晚上去那里吃晚饭。当天我收到狄米崔从巴黎发来的电报,说他恰好也在第二天到达。很自然的,我取消了和西敏公爵的晚餐。狄米崔抵达的时候,我在帕梅拉面前对他提起这件事。

"如果我也被邀请了,我会很高兴去看看那艘游艇。"狄米崔带着一种迷人的洒脱如是说道。

帕梅拉马上看出了关键,说:"这没关系,我可以让他也邀请您。"

两小时之后,西敏公爵邀请狄米崔大公出席当晚的晚宴。

"狄米崔,你不该这样……"我说。

"为什么?"

"我不知道。但是人不应该推动命运。我隐约觉得你和我单独晚餐会更好……"

我生命中的十年是和西敏公爵一起度过的。我不久就会谈到那是怎样的十年。我要先向您解释他是怎样的一个人。因为我从他身上得到的最大快乐,便是看到他依然活着。他是一个高明的猎手,虽然表面笨拙。将我留在身边十年,必须有些手腕。这十年和他在一起,我的生活充满温情和友爱。我们依然是朋友。我曾经爱过他,或是我觉得我曾经爱过他,最后都是一回事。他代表了风度与温柔。他属于那一代依然有着良好教养的男人。而且所有的英国人都很有教养,至少在他们越过加莱海峡前是这样。

战前不久,我被邀请到让·普鲁沃先生家里参加晚宴,普鲁沃是一家重要的晚报社的经理。我非常准时,八点四十五分走进他家。普鲁沃先生借口头疼让所有的宾客们等了两个小时。我们必须等着入席。普鲁沃先生甚至都没有一句解释。从上流社会小女人那里学来的礼仪对他来说没有任何的作用。

为了以优雅的方式表现出不礼貌,首先需要有很好的教养。那就是西敏公爵的方式。

他非常单纯,是我见过的最害羞的男人。他有着国王的羞怯,就像是被身份和财富孤立起来的人们。正因为大家把他看作英国最重要的大人物之一,他为此感到很拘谨,他知道别人知道这一点;即使他想证明自己也是一个普通的男人,他的拘谨也没有减少半分。西敏公爵害怕与人接触,他尽量避免初次见面的场合。除非是在不经意的情况下,他低着头度过了这个难关,而当困难被克服的时候,你可以看到他是很开心的。有一天在比亚利兹的某间酒吧门口,我看见他很亲切地握着一个人的胳膊,而那个人也在滔滔不绝地跟他说着什么。

"您知道那是谁吗?"西敏公爵回到我身边的时候,我这样问他。

"完全不知。"

"那是普瓦雷,时装设计师。"

"蛮好的人!"西敏公爵高兴地说。

(保罗·普瓦雷)

第二天他又在羽毛球场遇见了普瓦雷,对他极为友好。他胜利地回到我身边:

"您看,"他对我说,"和普瓦雷在一起我一点都不会惊惶失措。"

我讲述这段故事,是因为它仿佛是回忆录里看到的故事。这个故事可能属于路易十六、查理六世,或是某位少年君主。

西敏公爵就是优雅本身:他身上从没有一样东西是新的,我不得不去给他买鞋子;他一件外套穿了二十五年。无论怎样他都不肯到裁缝店,也不肯接见裁缝。西敏公爵有两艘艇:一艘皇家海军备用驱逐舰,另一艘是四桅帆船。上岸的时候,所有人都戴着游艇驾驶员那种漂亮的鸭舌帽,到码头去买明信片。他却总是戴着一顶旧礼帽上岸。

西敏公爵是英国最富有的人,可能也是欧洲最富有的人。(没有任何人知道,甚至是他自己——尤其是他自己。)我这样说,首先是因为在这个级别上,财富已经不再庸俗,它远远地超出了引起嫉妒的范围,几乎达到了灾难性的规模;我这样说还因为西敏公爵是已逝文明的最后一件作品,他仿佛是一件古老的珍品,很自然地能在那些回忆中找到他的位置。朗斯代尔伯爵为我展示西敏公爵的一处宅邸伊顿庄园的奢华:

"当其所有者已经不再的时候,我们在这里看到的一切便都会完结。"

太富有或太高大都是可怕的事情。第一种情况下,人们难以找到幸福;第二种情况下,人们找不到合适的床铺。

只要人们不惹他烦恼,西敏公爵的性格还是非常迷人的。他自己已经非常烦恼了。他的身体高大粗壮,至少在外表上看来是这样。他的智慧就在于他强烈的感受性。他的身上充满了具有无限魅力的荒唐之处。他并不是没有仇恨思想的人,他所有的是那种大个子的小仇恨,慢慢地酝酿发酵,因为他喜欢戏弄别人。他不是非常喜欢人类,更喜欢动物和植物。

在柴郡的伊顿庄园,我在花园里散步的时候发现了隐藏在山谷里的大温室,就像巴黎的温室一样。像从前的俄国和波兰那样,里面种着餐桌上吃的四季水果:桃子、油桃、草莓……

我把西敏公爵带到那里。他似乎不知道他拥有这些;我们奔向草莓地,像小学生那样采摘。第二天我想再去温室的时候,发现温室的门是关着的。我告诉了我的好朋友,他马上就召来园丁总管。

"我把门锁上了,因为有人偷了草莓,公爵。"园丁总管说。

"贼……就是小姐!"西敏公爵心虚地说。

园丁在伊顿庄园几乎过了一辈子,他从没想到过主人会出于好玩而去吃花坛里的草莓。

有一次我们又到了温室:

"多漂亮的花啊!"西敏公爵喊道,"这些美妙的兰花最终都去了哪儿?为什么从来没有在城堡中看见过?"

"它们去了医院、教堂……"园丁总管回答道。

我欣赏着这些无尽的财富是如何默默无闻地消失在了当地社区里,就像是一条宽阔的河流渗入了沙漠中。

虽然有温室,西敏公爵依然只喜欢自然界的花朵。最使他快乐的事情,就是用一个盒子给我带来他在草地上摘下的第一朵雪花莲。

西敏公爵在各处都有房产。每一次新的旅行中,我都会发现

le Duc de Westminster
(西敏公爵)

新的房子。根本不可能所有的都见到：无论是在爱尔兰、达尔马提亚群岛或罗马尼亚的喀尔巴阡，都有一座属于西敏公爵的房子，而且装备齐全，我们到了之后马上可以吃饭和休息。房间里的银器擦得闪亮，汽车的电瓶充满了电（伊顿庄园的车库里停着十七辆老式劳斯莱斯！），汽油艇装满了汽油停在港口，各处的房子里都有穿着制服的仆人们和管家们，在门厅的桌子上总是放着世界各地的报刊杂志。

西敏公爵的一位苏格兰老友对我说，这里没有人读的报刊消耗的费用等于一份上好的年金收入。

在苏格兰的荒野上，有为打猎准备的松鸡和为垂钓准备的鲑鱼；与此同时，在维莱科特雷或是朗德的森林里，追捕野猪或牡鹿时，伺候狩猎的仆人们只需配鞍上马，为捕猎做好准备，找出正确的小径；人们不禁怀疑他们是否都穿着红色制服睡觉，而那些一直呆在船帆旁或增压器旁的船长，是不是被画在了艉楼甲板上。总之这一切会让人产生这样的怀疑：这种荒诞的仙境（它甚至都不是有意造成的，它的存在是因为本该如此，几个世纪以来都未曾改变过）是否是一个噩梦，一个流浪者的梦。

伊顿庄园临近一个迷人的城市（海斯特，也属于我们的公爵大人），邻近莎士比亚的故乡，那里的木房子有着尖顶的山墙和法斯塔夫时代那种黑白相间的墙筋柱。城中的城堡曾经在一段时间里担负着保卫古罗马边境、抵抗威尔士人的使命,此时它只保留下来了有着中世纪韵味的地窖,仿如沃尔特·司各特笔下的哥特式建筑。城堡的周围是意大利式的露台,还有驯马场的小径,模范式的农场,迪斯雷利小说中那种开满杜鹃花的森林;还有众多的画廊,展示着鲁本斯、拉斐尔和英国大师们的画作,还有托瓦尔森的雕塑。

为什么西敏公爵会喜欢和我在一起?

首先是因为我从不试图去猎捕他。英国女人们只想着去猎捕男人,所有的男人。如果一个男人家世显赫又极其富有,那么他便不再是个男人,而变成了一个猎物,一只狐狸。每天都是狩猎期。在这种情况下,我们可以想象到,与一个被自己捕到的、第二天或许就会冲破笼子逃跑的猎物生活在一起,该有多的"轻松"。

英国女人们要么是思想(灵魂)单纯的人,要么是饲马员。但是无论哪种情况,她们都是女猎手,她们要么骑着马捕猎,要么用灵魂捕猎,反正总是在捕猎。而我从来不会想到这样说:"我喜欢这个男人,我要捕到他,我的猎枪在哪儿?"运动对于很多英国女人来说已经成为了第二天性,但排在第一位的还是男人。

奥雷利娅的骑术很好,她总是能紧跟在她的猎狗的后面,并因此小有名气。有一天,在骑马的时候,我对她说:

"跳一下!"

"啊！不！只跟你在一起,我太害怕了……只有在有男人看着的时候,我才会跳起来。为你跳一下,太不值得。"

西敏公爵喜欢和我在一起,因为我是个法国女人。英国女人的占有欲很强,并且非常冷漠。男人们和她们在一起很容易厌倦。(美国男人正相反,他们受不了法国女人,他们几乎从不娶法国女人为妻。而在英国取得成功的法国女人却数不胜数。)

此外,英国女人并不是绝对无私的。法国女人曾经是这样,但她们已经不再如此。(不应该指责我说英国女人的坏话。首先,因为我会说所有人的坏话;其次因为英国的小说是当地风尚的一面镜子,而我所说的一切在英国的小说里都有所体现,尤其是劣等小说。相较名著而言,劣等小说中描写的社会通常更令人印象深刻。)

英国女人是笨拙的,她们只做让男人不开心的事情,但这又不是我们法国女人的错。英国男人与马属于同种。在赛马中,在赌博中,英国男人都如马一样。斯威夫特对这一点非常清楚。您是否还记得在《格列佛游记》中,慧骃国的两匹马嘶叫着交谈?

我说的这一切都曾经登载于一篇在伦敦引起轰动的文章。那是由伦道夫·邱吉尔执笔的一篇文章。他四处投稿却几度遭拒。我陪他一起来到《每日邮报》编辑部:在皇家赛马会之际,这篇文章出现在了头版。我在文章里只以一种温柔的口吻谈到了英国男人。对英国女人们只字未提。文章取得了非凡的成功:男人们都竞相传阅。

十八世纪末,一个名为蒂利的法国人针对英国人写出了一些非常恰当又非常无礼的内容,他作出了下述正确的评价:"英国男人是世界上最可能迎娶情妇并且不会问起她们过去经历的人。"

朋友们。

有邱吉尔。

还有被我称为小矮人的马尔巴罗公爵,与他高挑的母亲相比,他显得很矮小。他如此评价自己的妻子:"公爵夫人自以为是最与众不同的女人。"

还有朗斯代尔。

我的朋友们使西敏厌烦。他丝毫不能理解米西亚,米西亚对英国也一窍不通。他很怕塞特。塞特曾经锯开鹳的长喙,让它饥饿而死;他还曾把狗推进威尼斯大运河中。

我并没有命中注定要成为英国女人。人们所谓的一种"令人向往"的情况,对我来说却并非如此。我要求他同别人结婚。

我很烦恼,那种因闲逸富有而产生的可鄙的烦恼。十年里,我做了一切他想要的事情。一个女人在作出让步的时候并不是自轻自贱。

(1936年的可可)

我总是知道什么时候应该离开。

可能会拖延几个月、一年,但是我知道我会走,我人还在,心已经不在。我已经满足了自己积极的表象之下隐藏的慵懒需求,我本想成为一个隐藏后宫的女人,然而试验就此结束。钓鲑鱼的日子并不是生活。任何一种不幸都要好过这种。假期已经结束了。这次假期花费了我一大笔资财,我忽视了公司,荒废了生意,还给他数以百计的仆人赠送了礼物。

我或许有机会成为纯粹意义上来说最富有的女人。"把这些伦勃朗的画都带走吧,"我的这位朋友每天对我说,"这些弗兰兹·哈尔斯的画送给您。"

他对我说:

"我失去了您。我不会习惯没有您的生活。"

我回答他说:

"我不爱您。和一个不爱您的女人同床共枕,您会感到开心吗?"我用粗暴的态度对待男人之后,他们往往都会马上变得异常温柔。

西敏公爵突然发现我不在了。

和我在一起让他知道,他没法得到自己想要的一切,而作为一位大人物,当一个法国小女人对他说不的时候,他的显赫身份也变得毫无意义。这对他来说是一个极大的震撼,他因此失去了平静。

很多年后,西敏公爵邀请我去看他。我当时正在意大利旅行。

我回答他说:"请把我当作一个客人,非常亲切地对待我。"我回到了苏格兰。我的朋友回到了他满是寄居者的宫廷。

我的运气并不好,那次旅行很不开心。在阳光充沛的丽都岛之后,是大雨滂沱的伦敦。圣潘克拉斯火车站再也没有秘书恭候。西敏公爵也没有在因弗内斯等我。那是一个干旱的夏天,没有水可以垂钓。

"多么大的转变啊!"

一个法国外省女人……

她曾下定决心要把公爵的房子装饰得时髦气派!

前厅里再也没有猎枪和钓鱼竿。

我预先写信给他的妻子:"如果我来会使您感到困扰,我就不会来。""一点也不,"她回信道,"我清楚您的为人(为什么不是我的秘诀或我的卷土重来的想法?),我知道您不会说我的坏话。"

坐拥财富的西敏公爵了解身居高处的烦恼和暴君的孤独。他是不受法律控制的人,对于他来说没有不可能的事情。我不敢抱怨身体不适,或是偏头痛,因为一通电话之后,哈利街最著名的专科医生们便会拿着药箱做一次二十小时的旅行,但他们总是徒劳而返,因为我拒绝见他们。我不再冒险许愿,因为在我的话没说完之前,只需流星划过的一瞬,魔毯会马上使我的愿望成真。

我很乐于将我们的犬猎队和在英国那次狩猎作对比,例如有一天,很平常的对话中我提到如果能让西敏公爵在朗德的车马随从们去伊顿庄园看看,肯定会别有生趣。很快,那三十个法国人,驯马师和驯犬师们就连夜渡过芒什海峡登陆英国。他还曾像个国王那样巡游四海,游艇上的皇家海军舰旗受到一艘艘战舰的致意,这面旗帜也曾飘扬于直布罗陀贮藏燃料油的地下湖泊。

而这一切,最终带来的是:烦恼,以及寄居者。

永别，不再见

我试图在谈论自己时不去想自己。因为那些想着自己的人与死去无异。但是如果别人已经不会想起您，那么您也与死无异。我不得已而决定自己登上舞台，让您接受我的存在。

我的一生不过是一段无限延展的童年。正是在童年里我们认识到了命运，而诗意在命运里扮演着应有的角色。我什么都未曾忘记。我从奥弗涅最偏远的角落出发，无知而又做好了准备。我从未有时间去想自己是否不幸，是否应为另一个人存在，或是会不会有孩子。或许我的孤独生活并非偶然。我是狮子座，占星学家也许会明白这意味着什么。对于一个男人来说，如果他自身不够强大，和我一起生活是非常困难的，或至少是难以忍受的。而如果他比我更强，我不可能与之生活在一起。

上帝赐予我最好的礼物便是使我不去爱不爱我的人，并且使我无视爱情之中最普遍的形式——嫉妒。

我从不是一个女英雄。但是我选择了我想成为的样子,而我现在正如自己所愿。即使我不被爱、不讨人喜欢又能怎样。

我向您讲述的一切更能表现我的缺点而非我的优点。我有一些非常迷人的优点,同时我身上也有着让人难以忍受的缺点。从一开始我便说过,我是极其骄傲的。或者我错了,我只是有些虚荣。真正骄傲的人不但不会承认,而且也无法描述出来。那是路易十四式的骄傲,或是英国人的天性。

只要听我讲话,马上就可以发现我缺乏镇静,而且我说得太多,实际上倾听是非常容易取悦别人的,此外,我忘记得很快,而我又喜欢忘记。我会扑向人们,强迫他们按照我的方式思考。

改变主意使我觉得恐惧。倾听别人使我觉得厌烦,除非是在门后偷听。人们说的

(1950年代的让·科克多)

内容从第一句开始就会使我战栗。同时我还对一些无用的争论有着难以解释的兴趣。我很乐于在噪音中、在对话中工作，或是在吵闹和混乱中工作。我力图在说的过程中找到快乐，我在说话中思考，我在说话中构想。

我既不聪明也不蠢笨，但我觉得自己不是一个寻常的人物。而在法国，每一个人都是不寻常的。我做生意，但我不是商人。我做爱，却不是一个恋爱中的女人。我只爱过两个男人，我想他们在人间或是在天堂都依然记得我，因为男人们总是会记得给他们带来无数烦扰的女人。出于对公平的喜好，我对他人或是对生活所尽的责任都没有任何原则可循。

人们相信我会散发出敌意和恶意。他们还相信……确实，他们什么都信，除了想不到我在工作，我在想自己的事而忽视了他们。我很善良，只要别人不这样对我说，因为这一点让我反感，并且使我生气。因为我常常生气，容易生气，也常惹人生气。

我身上呈现出许多只有自己才会感兴趣的对比，但是我自己却又不习惯这些对比：我觉得自己是个最羞怯、最大胆、最快乐也是最忧伤的人。我自己并不强烈，是这些对比太过强烈，这些强烈的对比在我的小小身躯上不断冲撞。我不喜欢被抱怨，但我却喜欢抱怨，喜欢扮演受害者的角色。我逃避诊疗，却对药品非常着迷，因为药剂师们对我所说的一切都很感兴趣，而医生们根本不听我说话。

我一点也不轻佻,我有着领袖的灵魂。我对一切都很严肃。我诚挚地对待一切。在没有储备金的情况下,我不会透支自己的帐户。

我害怕孤独却生活在彻底的孤独之中。我祈求不再孤独。为了不单独吃饭,我愿意请警卫为我站岗。而在这个世界上我所期待来的只有忘恩负义。(真正的慷慨或许就是能够接受忘恩负义。)如果我放任自流,我知道忧郁正张大了嘴等待着我……使人烦恼的人们是有毒的,而烦恼在我身上发挥了烈性毒药的作用。

(米西亚穿着香奈儿设计的礼服参加"气球舞会")

善意使我烦恼,而理性使我非常厌倦。

每当我做了件合理的事,它便会为我带来不幸。

总之,我就是这个样子,您了解了吗?

那么,我还有与此完全相反的一面。

这些是我的记忆为我提供的素材,加上别人丢弃在我花园里的只字片语和我从邻居眼中看到的种种瑕疵。

我对您讲述的一切并不是遗嘱。

我不知道现在自己要去哪里,但是我知道一切都没有结束,而我会继续前行。我很清楚地看见了已经到来的一切,并能够预测到将要发生的一切。如果有人告诉我欧洲已经是一片废墟,那么我会觉得它是我的母亲,我会永远留在她的身边。而当人们再说出更严重的事情——欧洲已经过时,那么我便会毫无遗憾地离开,就像我离开自己的家庭一样,我会在没有它的情况下依然继续或重新开始。

如果将要到来的欧洲与正在逝去的欧洲迥然不同,我会适应它;而若恰好相反,若它仍是原来的样子只是更贫乏更丑恶(我想写做"丑陋",但那并不是丑陋),我便会离开。"但是巴黎就是时尚!"有人这样对我说。我回答他:"那必须巴黎还是巴黎,欧洲还是欧洲。只要客人们更喜欢香肠而不是裙子,只要我的店里进出的都是穿着制服的美国军官……那么巴黎就不再是巴黎,而欧洲也不再是欧洲。其实客人们都是以前的老顾客,军官们的上校则扑过来拥抱我说,他叫做玛德琳·卡罗尔。"

我相信明天世界上将要发生的一切不会发生在欧洲。这便是真正的悲剧。然而我要成为未来的一部分。我会去到我应该去的地方。我已经准备好要征服所有的社会,就像人们驾驭马一样。

应该到别的地方去。应该做一些其他的事情。我已经准备好了重新开始。

让死亡见鬼去吧!坚持活下去!(另一方面,我总是有着强烈的好奇心。我要去天堂为天使们设计服装,因为我已经在地上与其他的天使们一起创造了我的地狱。)

总之,在我有生之年,我不会休息。没有任何事情能比休息更会让我觉得劳累和不快。我很清楚我在天堂上会多么烦恼,在飞机上我便已经比在地上烦恼许多。

我涉足时装业,只是出于偶然。我制造香水同样是出于偶然。我现在要开始着手其他的事情。什么事?我不知道。此时仍然是偶然在主宰。但是我已经一切就绪。我很长时间内都不会对您说永别。我目前还没有任何特定的想法,但当那个时刻到来,我想我

(1938年的可可·香奈儿)

会全身心地投入那件我能力范围内的事物。

　　四分之一个世纪以来，我一直在创造时尚。我不会再重新开始。旧时代已经覆灭，但我不会溃退……

　　我从未经历过失败。我所做的一切都是从头至尾的成功。我带给人们更多的是好意而非苦难。由此,我得到了物质与道德安逸。这使我像鸟儿一样自由。萨特先生徒劳地认为我是可悲的、是被我自身的人间境遇禁闭的(正如在马克思主义的初创时期拉萨尔所说的:"首先应该让工人们知道他们是不幸的"),我已经决定使自己幸福,我不需要人们新近发明的这种每日的毒药,美其名曰幸福。

我创作出了令人赞叹而有用的东西:这些创作使一些人变得穷困,也使另一些人变得富有,然而他们都对我横加批评。

我有过一个很喜欢的女性朋友,可是她背叛了我。
我尽自己所能地在周围播种善意,却只收获了敌意。
我想改善工人们的境遇,结果却变得更糟。
我爱过两个男人,而当要结婚的时候,我所能做的只有尽力让他们另娶他人。
我曾为整个世界设计服装,而现在它却仿佛赤身裸体。
这一切都让我感到愉悦。这一切都满足了我内心深处对毁坏和变化的兴趣。人们在生命支离破碎的时候才能认出它来。世界不过只是斗争和混乱。与塞特所说的恰好相反,我会是一个很糟糕的死人;因为只要到了下界,我便会焦躁不安,我只想回到世间,卷土重来。

(1958年的可可,从康朋街回丽兹酒店)

至魅香奈儿（译后记）

上个世纪五十年代，法国人戏称皮雅芙的歌曲、萨冈的小说和香奈儿五号是法国三大重要出口商品。如今皮雅芙的歌曲成为了怀旧的经典；萨冈及其小说亦化为不朽的传奇；只有香奈儿的名字依然站在时尚的前沿，激荡着一代又一代女人们的青春梦想。无怪乎对于很多人来说，香奈儿竟成为了法兰西的代名词。

1971年香奈儿逝世后，关于她的传记作品层出不穷。而保罗·莫朗独辟蹊径，记录了香奈儿众多坦诚的独白。阅读《香奈儿的态度》(*L'Allure de Chanel*)，仿佛是在倾听香奈儿亲自讲述一生的精彩与跌宕。她的孤独、她的事业、她的爱情、她的人生都时时引起我们或歆羡或慨叹或敬畏的复杂情愫。香奈儿的世界仿如群星璀璨的银河。居于时尚与艺术之都巴黎，她所交往的朋友都是那个时代可圈可点的杰出人物：毕加索、科克多、西敏公爵……香奈儿对这些人物的评论也成为本书的一大特点。我们不能简单地把这本书归结为一个名人的传记，它叙述了一段万人瞩目却鲜为人知的人生，体现了一种睿智的思想，更勾勒出了一个时代的传奇与神话。

从圣诞聚餐谈起

本书的开端，保罗·莫朗描述了自己与香奈儿的初见。那是1921年的圣诞聚餐："这时你还看不出香奈儿的天分，没有任何迹象能够表明她的权威、她的强硬、她挑衅性的专制，也没有任何迹象显示出她有着那种注定能够赢得盛名的性格。"但是香奈儿依然使所有宾客"对她迷恋不已"。这样一段描述使我一直沉迷于上个世纪二十年代的那场节日盛宴之中，仿佛在某个角落窥视着女主人当晚的神情。完成本书中文版的最后一次修改，恰好时近2007年的圣诞。我的朋友Merryl邀请我到她家过一个"典型的法国圣诞节"。圣诞当天是一个完美晴日。路过花店的时候我忍不住停下，买了一束火百合映衬那天的好天气。Merryl的妈妈MONEGHETTI夫人也从波尔多来到巴黎，和女儿一起庆祝节日。除了传统的圣诞巧克力以外，我还准备了丝绸方巾送给她们做礼物。而Merryl神秘地对我说："我们准备了一件'非常巴黎'的礼物给你。"我好奇而欣喜地打开来看，原来是香奈儿07年限量版的指甲油。MONEGHETTI夫人亲自为我涂在指甲上。那一瞬间，原本沉迷于上世纪二十年代的我，忽然发现时隔八十六年之后，香奈儿依然为法国人阐释着什么是"非常巴黎"。

餐前MONEGHETTI夫人和我一起看Merryl的旧相簿。从四五岁的小姑娘起，Merryl就迷恋香奈儿的双C纽扣，她童年到少年的照片几乎成了香奈儿时装历史的展示。但是MONEGHETTI夫人解释说，这些都是Merryl外祖母亲手做的仿制品。Merryl喜欢哪一个款式，只要对外祖母讲，外祖母便会做出同样的衣裙给她。得知我正在翻译香奈儿的传记，MONEGHETTI夫人十分欢喜，拿出自己年轻时候购置的香奈儿套装展示给我看，那是四十多年前香奈儿出品的黑色小套装，开襟圆领的上装配上金色的双C纽扣做装饰，简约而质朴的风格在今天依然不失其魅力。香奈儿曾说，一件上好的衣裙适合每个女人。从七十五岁的母亲到三十五岁的女儿，这件衣服映衬不同的年龄、不同的身材，却恰如其分地表现了各自的美感：对于MONEGHETTI夫人是时光无法磨灭的悠然与典雅，对于Merryl则是端庄之中透出的纯真。

四十多年的烟云过去，这套衣裙诉说的不是复古，而依然是时尚。那时候我才相信，香奈儿的设计，同样也是在创造奇迹。如果你经过香奈儿的橱窗而不为之所动，那是因为你还未曾真正拥有。每个女人都无法抗拒时尚之美的诱惑，而香奈儿早已用路易十四的语气宣称"我即时尚"。这套衣裙是MONEGHETTI夫人送给Merryl的圣诞礼物。母亲把衣裙送给女儿，香奈儿的风雅和她的传奇一起随着另一代人的脚步流转，留下时光所无法磨灭的踪迹。

半个世纪的巴黎传奇

　　加上定语"巴黎"之后，仿佛是在限定香奈儿的影响范围，但是我们不可否认，香奈儿的传奇不是个人的传奇，而是一个时代的传奇；正是巴黎这座城市赋予了香奈儿灵感与机遇，从成名到去世，香奈儿的故事浓缩了巴黎半个世纪的历史。可以说巴黎缔造了香奈儿，香奈儿也为巴黎带来了一种独特的阐释。或许一个人的传奇，也是一个城市的故事。MONEGHETTI夫人跟我谈起她的家世时说："我们以前是波尔多的农民。我的母亲是一位裁缝。后来她和我父亲来到了巴黎，开设了自己的店面，母亲成了有名的时装设计师，我们的生活才发生了改变。这是另一个香奈儿的故事，不是吗？"二十世纪初，或许有无数的外省女人为着各种原因从乡间来到巴黎，她们用自己的天才与梦想为这座城市带来了外省的青绿颜色和新鲜气息。香奈儿就是这些女人中最为成功的典型代表。童年的香奈儿母亲早逝，父亲丢下她们姐妹去了美国。众多传记作家认为，香奈儿和姐妹们一起被送进了孤儿院。但是香奈儿自己却固执地说"最为理智的我被寄养在姨妈家里"。童年是她不愿意忆起的时光，在讲述自己的一生时，她首先讲述的是两个字：孤独。我们无须考证究竟是传记作家们杜撰了她的童年，还是香奈儿为自己编造了一个故事。扑朔迷离是传奇的本质，传奇也因此才耐人追寻。传奇与女人在一起，则更会交映成趣。同样在巴黎成名的弗朗索瓦兹·萨冈把传奇披做衣裳，"有如人们用轻纱遮面"；而可可·香奈儿则希望自己的传奇"永远鲜明如新"。两个人的故事，更确切地说，是两个人的传奇都弥漫着巴黎特有的色调。或许巴黎不仅仅是盛产浪漫、时尚与优雅的都市，同样也是盛产传奇女人的沃土？

香奈儿出身贫寒，甚至姨妈们也曾嘲笑她的祖母是一个牧羊女。然而香奈儿却并未因此受到打击，"牧羊女"这一形象使幼小的她产生了无数的浪漫想象。少女香奈儿以她的骄傲和固执反抗着一切，如同所有"没有家、没有爱、没有父母"的孩子，她分外珍爱自己，也分外渴望关爱。没有人会想到这个偏执而贫苦的外省女孩儿，日后会在巴黎掀起一场革命，并让所有的富人为她着迷。如《农民新贵》中所说："我们的世纪将是牧羊人进行报复的时代。"香奈儿以牧羊人的复仇姿态投身于这场革命："我并不是为了创造我喜欢的东西，最重要的是为了使那些我不喜欢的东西马上过时。我把自己的天分当做炸药来使用。"她使贵妇人们抛弃了貂皮大衣，抛弃了繁复的装饰和鲜艳的色彩，单薄的小帽、针织线衫和单一的黑色是香奈儿送给她们的新宠。她把贫穷的表象变成了奢华的极致象征：廉价的兔毛代替了毛丝鼠皮，软木底的沙滩鞋代替了昂贵的皮鞋，玻璃和宝石一起成为了首饰，如坚实的土地一样颜色的地毯代替了名贵精美的萨伏纳里地毯。当富人们对这一切改变趋之若鹜的时候，香奈儿依然过着极其简单的日子。九点入睡，七点起床，极少有晚间应酬，甚至连出席的社交活动也屈指可数——她雇用了众多王宫贵族们为她处理这一切，她自己则如普鲁斯特一样在床上便可得知各个贵族沙龙里的一切消息。

工作之余,香奈儿过着清教徒一样的生活,阅读成了她唯一的爱好。她曾对人说,是书籍教会了她一切。她不断地从书本中领悟人生。因此在与毕加索、斯特拉文斯基、迪亚吉列夫、科克多等等天才艺术家接触之时,香奈儿并没有任何的不安与拘束。相反她却使众多艺术家们为她着迷,毕加索更曾称赞香奈儿是"欧洲最有灵气的女人"。可以说通过与众多艺术家们的交往,香奈儿见证了二十世纪法国艺术最为辉煌夺目的顶峰。俄罗斯芭蕾舞风靡巴黎的时候,香奈儿曾亲自为芭蕾舞剧设计服装,并且从物质上支持了芭蕾舞艺术家迪亚吉列夫、斯特拉文斯基等人的创作。与众多艺术名流的交往显然给香奈儿的传奇平添了一种华丽格调。

香奈儿并不美丽。但是她的思想观念与行为方式都具有让人难以抵挡的魅力。她的革命远非局限于服装业,这种"牧羊人的复仇"已经扩展到了社会领域。随着事业的发展,她的工人从六人增加到了三千多名。香奈儿给出了服装业最为优厚的工资,带薪假期、免费旅行等等措施甚至使其他业主想以"鼓动别家工人怠工"为名将她告上法庭。可以说除了在服装设计方面的天赋以外,香奈儿也同样是一位一流的管理人才。香奈儿对于时装设计的观点更是被业界人士奉为金科玉律:"一袭华美的布料,其本身是美的,但是一件裙子愈是金贵,就会变得愈为贫乏";"如果我写一本技术手册,我会写下:一件制造精良的裙装可以适合所有人穿着";"为芭蕾舞剧《天方夜谭》设计服装非常容易,但是一件黑色小礼服却很难做"……这些道理看似简单,但是如果不是亲自领悟,便永远不会理解其中的奥秘。香奈儿的设计征服了全世界的时尚群体,但是她却能够骄傲地说:"我从未在广告上花过一分钱。"这不能不说是一个商业奇迹。

香奈儿独特的金钱观也同样值得我们思考。出身贫苦的香奈儿十二岁便意识到"金钱是万能的钥匙"。当她真正开始了自己的事业之后,她更深地意识到金钱不过是经济独立的象征,而工作才是更具吸引力的东西:"金钱给生活以点缀,但金钱并不是生活。"与上流社会人士交往的过程中,香奈儿总是为他们买单,"因为当他们确认自己的快乐全属免费时,他们便会变得很风趣、很迷人。"她买下的,是他们陪她欢乐的好心情。得知上流社会的吝啬女人们为得到一件漂亮的裙子而和设计师上床,香奈儿犀利地调侃道:"国王消失了,但是宫廷交际花依然存在。"她借用金钱说明了一个道理:一个人的修养与教养,与他的出身毫无关系。

她设计服装,也设计生活。剥落半个世纪的巴黎传奇,我们看到的是一位设计师的光环。她用自己的设计为自己带来快乐。因为在那样孤独漫长的一生之中,快乐毕竟是灵魂的慰藉。

像香奈儿那样恋爱

终生未嫁的香奈儿,成为了永远的"香奈儿女士"。对于大多数人来说,她是一个创造了时尚奇迹的女人,她的传奇往往与事业的成功不可分割。迷恋香奈儿产品的女人们往往不会知道,香奈儿的爱情甚至比她的事业更值得她们欣赏与体味。

虽然有关香奈儿的传奇扑朔迷离,但是叙述起香奈儿公司的历史,人们总会首先提到她的男朋友卡柏。卡柏出资为她开办了第一家女帽店,而后香奈儿才逐渐拥有了今日的辉煌。少女香奈儿在一次行猎中结识了英国商人卡柏,而后大胆地随他来到了巴黎。卡柏让她第一次拥有了可依靠的感觉:"对我来说,他是我的父亲,我的兄长,我的家。"一个如丑小鸭般的外省孤女,幸运地遇到了一个如父兄般的爱人,他给她以情人的体贴和家人的温暖,弥补了她童年时代所有的不幸与孤寂。但他不能给她婚姻。睿智的香奈儿在对人描述起他们的爱情时,丝毫不提起卡柏已经是有妇之夫,她巧妙地称他们的关系为"男人和女人的关系",她甚至还幻想过一段可能的婚姻。少女香奈儿的率真、单纯和独有的天分让卡柏迷恋不已。在卡柏的引导下,她的天分逐渐得到发挥,与此同时香奈儿也体会到了爱情给她带来的美好:

我还知道男人们会送花。

"你可以给我送花,"我对卡柏说。

半小时之后,我收到了一束花。我简直欣喜若狂。又过了半小时,第二束花。我已经心满意足。再过了半小时,又是一束。这开始变得有些单调。整整两天,每半小时就会有一束花送来。卡柏男孩是想对我说些什么。我懂得了这一课。他是在告诉我什么是幸福。

卡柏使她拥有爱,而后拥有了一切。香奈儿对卡柏充满了感激。如果故事到这里结束,那么这段爱情俨然如童话般安稳美好。然而生命中总是有那么多突如其来,年轻的卡柏不幸在一次车祸中丧生。香奈儿为此深受打击,失去了卡柏,她仿佛失去了一切。但是她没有那样一盏阿拉丁的神灯,因此不可能期待奇迹的出现。此后的一生,唯有事业成了她的寄托与安慰。回忆起卡柏的时候,她只能不断地说,"他是我生命中的一个奇迹。"她用一辈子的感激与思念来珍藏卡柏的爱。用一生去追寻,没有任何人能够取代。香奈儿用自己的一生诠释了法兰西女性的浪漫与执著。

卡柏的死,留给她的是一段难以弥补的空虚和一段难以愈合的孤寂。她只能用工作来对抗这一切。香奈儿产品征服了世界之后,有人说她是幸运的。但是谁又能想到,一点一滴都是亲手所得,对于一个单身女人来说是多么难能可贵。与人相处的时候,香奈儿总是不亏欠,亦不奢望。她的独立、她的创造性和独特的气质吸引了众多男人的目光。二十世纪初的法国女人中,她率先穿裤装、剪短发,每一步都标新立异,与众不同,这一点更让无数追求者为她倾倒,其中不乏艺术家和王公贵族们。此时的她已经不渴望拥有,但是如同所有的女人一样,她依然渴望爱。对于每一个追求者,她都保持着自己的原则与分寸,那一种收放自如的心情,仿佛是波澜过后的处变不惊。香奈儿曾说起,"上帝赐予我最好的礼物便是使我不去爱不爱我的人,并且使我无视爱情之中最普遍的形式,嫉妒。"这样却更激起了爱慕者的渴望,保罗·艾里布甚至想与她一起重新经历生命:

> 艾里布想和我一起一步一步地走过那些没有他的过去,重拾逝去的时光,他让我交待所有。有一天他甚至带我回到了奥弗涅,回到了蒙多尔,想去寻找我年少时的足迹。我们重新找到了我姨妈们的房子……走进那条椴树小径的时候,我真的以为我的生命已经重新开始。

在卡柏之后的故事里,最为轰动的是她与西敏公爵的爱情。与公爵在一起的十年里,她的生活"非常温柔"。后来很多人用她拒绝西敏的求婚大做文章,然而香奈儿逃离的只是一个公爵夫人的封号,而非逃离爱情。很多年后,她仍然用温柔幸福的语气叙述起他。她亲自为他挑选衣服和袜子,俨然是多年的夫妻。他们曾天真地在伊顿庄园里"偷"草莓,也曾经一起旅行、狩猎或垂钓。十年,足以经历爱情中所有的美好……她毫不吝惜地赞美自己的爱人,称他是"最后的国王",她形容他温柔、单纯、害羞、好奇,那是只有深爱过才能体会到的感受。她从不计较为爱做出牺牲,然而却时时能够把握自己。因此她要逃离"公爵夫人"这个使她产生烦恼的封号:对于早已习惯独立的香奈儿,闲逸的寄生生活使她烦恼。或许更是因为她内心深处早已习惯那种她总是要摆脱的孤独,因此想要逃离任何形式上的束缚？

　　香奈儿的一生不断充满对爱的渴望。她渴望平等的爱、独立的爱：有呵护,但不骄纵；有付出,但不奢求；有固执,但不一意孤行；有改变,但不失去自我。生命使她拥有爱,然后拥有了一切。当她不再渴望拥有,却仍然渴望爱。于是我们发现,在天才设计师的光环下所隐藏的,是一个女人的灵魂。香奈儿用最女人的方式向我们展示了一段充满传奇的精彩人生。

段慧敏2008年1月4日于巴黎

图书在版编目(CIP)数据

香奈儿的态度 /(法)莫朗著;段慧敏译. —2版
—南京:南京大学出版社,2014.9(2017.6重印)
ISBN 978-7-305-13956-7

Ⅰ.①香… Ⅱ.①莫…②段… Ⅲ.①香奈儿,C.
(1883～1971)—传记 Ⅳ.①K835.655.7

中国版本图书馆 CIP 数据核字(2014)第 209470 号

L'ALLURE DE CHANEL by Paul Morand. Illustrations by Karl Lagerfeld
© 1996 Editions Hermann, Paris. France
This edition arranged with HERMANN-ÉDITEURS DES SCIENCES ET DES ARTS
Simplified Chinese translation copyright © 2007 by NJUP
All Rights Reserved
本书版权通过法国嘉文版权代理(Garance Sun SARL)取得
著作权合同登记号 图字:10-2007-273号

出版发行	南京大学出版社		
社 址	南京市汉口路22号	邮 编	210093
出 版 人	金鑫荣		
书 名	香奈儿的态度		
著 者	(法)保罗·莫朗		
译 者	段慧敏		
校 译	何菁菁 胡若玮 吴 恳		
责任编辑	蔚 蓝 唐洋洋		
照 排	江苏南大印刷厂		
印 刷	南京爱德印刷有限公司		
开 本	880×1230 1/32 印张 8.25 字数 120千		
版 次	2014年9月第2版 2017年6月第3次印刷		
ISBN	978-7-305-13956-7		
定 价	38.00元		

网　　址:http://www.njupco.com
官方微博:http://weibo.com/njupco
官方微信:njupress
销售咨询:(025)83594756

＊版权所有,侵权必究
＊凡购买南大版图书,如有印装质量问题,请与所购
　图书销售部门联系调换